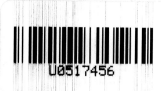

智富八道

张志云　著

華夏出版社
HUAXIA PUBLISHING HOUSE

前 言

错过“智富八道”，将是你人生中最遗憾的事

什么是“智富八道”？

每个人都有与生俱来的差异，有些人是左撇子，有些人是右撇子。

每个人的大脑也不一样，有些人左脑比较发达，有些人右脑比较发达。

正因如此，我们将人分成了八类，而每一类都有一条属于他们的更容易走向成功的康庄大路，这便是“智富八道”的由来！

具体地说，“智富八道”是通过某些看似简单的测试，发掘出每个人的天赋，从而指出一条能够结合自身优势并最终实现“轻松智富”的可执行性思想道路。

这八条“轻松智富”的道路就是：创道、宣道、励道、洽道、执道、守道、掌道和完道。

根据每个人所拥有的不同的天赋优势，因其独特性导致的“轻松智富”的最佳道路，我们称之为“智富之道”。

很多人对自我的认识往往都很模糊，如果一个人不知道自己最适合哪条道路，如果他不懂得最大化地利用自身优势，那么他在人生的道路上只会走得身心俱疲、事倍功半，而结果也只会是忙忙碌碌、一事无成。

通过“智富八道”测试，根据测试结果，让这种失败者的生活与你渐行渐远便是本书的最终目标。

因为，你会在这里找到属于你的“智富之道”！

为了便于理解，我将这八类人划分为：创道者、宣道者、励道者、洽道者、执道者、守道者、掌道者和完道者。

现在，就让我们一起打开“轻松智富”的大门。

找出你的“道”：智富八道测评

“智富八道”测试网址：

www.zhifubadao.com

或扫二维码：

你只需付出39元人民币，便可马上测出属于自己的“智富之道”，并得到你的“智富八道”蓝图及报告！

如果测试后不满意，我们会退款给你，并且为答谢你的信任，我们会退你40元人民币。换言之你做测验是毫无风险的，唯一最大的风险就是你没有做测试，一直不知道自己的“智富之道”！

请马上拿出手机做测试吧！

你的“智富之道”有什么用？

你知道吗？有的人毫不费力就可以成绩斐然，而有的人辛苦一辈子，得到的收入却仅能糊口。

你知道吗？有的人总在轻轻松松地做着自己喜欢的事情，而有的人十年如一日，兢兢业业，奋发向上，仍然大业未成。

你知道吗？一生苦干最终并不一定能成功，而勤勤恳恳也未必能弥补自身的不足。

对此，我深有体会。

35岁前，我走了一条看似成功的道路。先是考进名校，毕业后就进了世界顶级的企业工作，即便是后来创业，也得到了很多知名企业的支持。

但是，这条看似成功的道路却走得异常艰难，艰难到我实在无法继续走下去。

直到2007年，在经过了三年的探索之后，我终于发现了一条能让人事半功倍的道路。

自那时起，我只做自己喜欢的工作，不喜欢的就交托给适合的人做。我每星期只需要工作35个小时或者更少，到后来甚至连办公室也不用去了，在世界各地游玩着“工作”（其实，那时候工作已经变成我的游戏）。

奇怪的是……

我的工作轻松了，成就却突飞猛进，身边的人都赞叹我是个天才。

工作时间少了，但是我的收入却倍增了。2011年，我的公司步入正轨，我们的收入逐渐以几何级数增长，直逼千倍，员工的人数却只从3个人增至13个人，而且大家的工作都非常轻松！

更奇妙的是，不仅仅是我自己，连我教导的学生，也轻松地做到了以更少的工作时间成本，获得更多的收入。

个人开心了，家庭和睦了，团队的凝聚力也变强了！

这一切的根源就在于我找到了自己的“智富之道”，我把这套智慧称为“轻松智富”，掌握了它，就掌握了打开轻松致富之门的钥匙。

“智富八道”的由来

我上面说的话，可能跟你小时候读过的书、听过的话，有颇大的差别。于是，你可能会问，勤奋努力难道不对吗？

想象一下，如果我们都是鸟，那么鸟要飞，需要“努力”吗？

不需要。

反观我们自身，当父母把我们送进游泳培训班学习游泳的时候，老师们总是尽心尽力地教导，从呼吸到姿势，而我们也很努力，天天练习游泳技巧。然而，无论我们怎样努力地把自己的泳姿练得标准，我们都不可能像鱼儿一样在水里自由遨游。

我们耳边总是不断传来教导老师的话语，“成功要苦干”，“将勤补拙”，“熟能生巧”。于是，我们只能一边流着泪，一边勉强自己继续练习。你可能已经很不耐烦了，内心正在呐喊着：“我是一只鸟啊，为何不让我振翅高飞？”

这只鸟，就是35岁前的我！

那个时候，我太太想叫醒我，她说：“一只鸟，就应该振翅高飞！”可是我深信“成功要苦干”，鄙视她那种“不劳而获”的思想。

到了2004年，我甚至痛苦绝望到想要出家放弃自己。之后，我用了三年的时间去全世界寻找答案，结果发现了“智富八道”，我顿时恍然大悟，原来一切痛苦的根源都在于我忘记了自己是谁。过去，我盲目地跟随他人成功的脚步，即使付出了艰辛的努力，却仍淹没在别人的影子里，一事无成！

“智富八道”能够出现的根本原因在于，每一个人都有一条可以发挥自己天赋的道路，而这种天赋与后天通过训练获得的技能又有所差别。我们每一个人，都可以在不断地学习和练习中得到并提升技能，而这些技能也让我们在某些特定需要的情况下，去做一些不符合我们“智富之道”的事情。

以我为例，我是个“创道者”，本身不喜欢分析数据，可当我在工程学院和麦肯锡做顾问的时候，因为工作需要，我也可以艰辛努力地完成数据分析的工作。

在认识到“智富八道”后，我看到：如果后天的培训与天赋相结合，就能够得到事半功倍的效果！（所以，我们在香港开办的青少年课程特别受家长们的欢迎，因为我们帮他们的儿女指明了发展方向，让这些孩子在未来少走许多弯路。）

另外，我以前做不符合自己“智富之道”的工作的时候，压力会非常大，长期处于一种紧张的状态，这对我的精神和身体健康都造成了很不好的影响。

现在，就让我来分享“智富八道”是如何帮助我成功的，更重要的是，借助“智富八道”，你也能成功！

2003年伊始，我看准了香港房地产的大趋势，在楼市降到最低点时买了栋豪宅。

银行拍卖这栋豪宅的时候，市场价是950万港币，无奈我当时只有50万港币的资金，本来是买不起的，但我还是买到了，最终只以680万港币成交，足足比市价低了270万港币！

之后几年，我又买了很多房子，几乎全是在我的银行账户里没有现金的情况下买到的。

就这样，我一边艰辛努力地工作，一边轻松地买着房子……

几年之后，工作方面虽无起色，但靠着房产投资，我也实现了财务自由。在传统教育中，“天才牌”一直以来都遭受贬抑，“勤能补拙”“愚公移山”“铁杵磨成针”的观念大行其道，令当时的我深信“成功要苦干”，人生就要努力。

而“智富八道”让我看到了，我们每一个人适合走的路都不同。当我们走对了自己的那条“智富之道”，工作才能又轻松、又好玩、又赚钱。可是，如果我们去走人家的成功之道，或者毫无策略地胡乱前行，即使通过艰辛努力可以得到成功，也会付出太多辛苦、太多牺牲！

总结我的“智富之道”，就是“创”。

通过创新，颠覆常规。

我摸索到了怎样可以买到低于市场价20%—30%的房子，怎样做到在没钱的情况下也可以买房子，怎样在没有工作收入的时候也可以借到钱买房子……这些全是适合走“创道”的人能够做到的事情！

可是，当时获得财务自由太轻松了，让我觉得自己只是“走运了”，压根儿没有去理会这条轻松的“智富之道”！

可笑的是，由于我坚信“成功要苦干”，于是，一直在“以勤补拙”，艰辛努力地埋头工作着。例如每天清早便去早餐商会发名片、做直销等，结果做得既辛苦又缺乏成绩，而这些全是“创道者”应该避免的工作！

直到有一天，我想通了！

当时香港没有任何有关房地产的课程，而我凭着自创的买房方法，做到了“年年买层楼，十年赚一亿”的奇迹。

于是，我选择将这些值钱的创意和想法，开课传授给学生，让更多人在房地产中获益，而我只要从中分得非常少的一部分作为学费即可。

但即使只是一部分，这个“收入”也比我把房子租出去得到的租金要高了。

当时，我95%的时间和精力都花在不该做的事情上，我想，如果此时终止这件不该做的事情（反正也没什么成绩），那岂不是可以省下95%的时间和精力？而我在该做的事情上多花一倍的时间（最多也只占了我10%的时间和精力），那么我的成绩不就可以轻松翻倍了吗？

现在回过头来看，过去的自己好像在不断地撞墙，一边问“为什么人家成功了，自己还没有成功”，一边怀疑自己是不是“有什么问题”。但是，当我将探索、创新的天赋完全发挥出来后，我的成就和财富便开始突飞猛进地加倍升值了。

我创办的“智富学苑”课堂就是一个例子：我将“创道者”的天赋发挥出来，将学习变得有趣，探索一些传统教育没有教而对活出精彩人生却很关键的课题。

2009年我在课堂内运用了许多互动游戏来带动大家的学习劲头。有上过我课程的学生告诉我，这些游戏对他们来说都是“当头棒喝”，而“智富学苑”也是他们上过的最好玩且最能学到知识的课堂。

当我的课程做到最好的时候，我的学生就变成了我的忠实粉丝，他们会主动介绍身边的朋友来上课。

所以我每次开课都座无虚席，而且开课地点遍布海内外，新加坡、马来西亚、澳洲、澳门等地都是我的课程所达之处，还有很多世界各地的学生慕名前来，只为听一听这价值上百万的课程。

请注意，每个人的“智富之道”都是不一样的，我的天赋未必是你的天赋，但重要的是找到自己的“智富之道”。

所以我设计的课堂不是one size fit all（一套方法套用给所有人），不会给每一个人都一样的智富方法，而是先从找到你的“智富之道”开始。

我在马来西亚有个学生叫迈克尔，他的语言表达能力很强，不过为人比较“浮夸”；相反他的搭档桑迪普做人很谨慎，这令他们在生意上不时遇到分歧。

上完课后，他们发现原来两人的天赋不一样，一个是适合站在台前的“宣道者”，另一个却是适合幕后工作的“守道者”。于是他们开始取长补短，后来把生意做大了几倍。

记得学太极拳时，师父一直教导我们要“松”，只有松了才能发劲。工作也是一样，平时保持轻松的状态，才能在关键时刻发挥出最大的威力。“智富八道”包含了道家的智慧，让我们找到自己最适合的道来做事。

我是谁?

我叫张志云，英文名Allan，我的学生称呼我为“智富爸爸Allan”。以下是我从白手起家到成为亿万富翁的故事，我希望我的故事能给你带来一点启发。

古人说：“少壮不努力，老大徒伤悲。”我以前深深地被这种“努力”的信念所影响。

2004年以前，我一直走的就是这条“艰辛努力”的路，在这条路上，我也算是佼佼者。

我出身贫苦家庭，这种环境让我自幼相信“成功靠苦干”，因此，我通过艰辛努力进入了名校，毕业后找到了自己梦寐以求的工作。在30岁前便创业自己做了老板，这可能对于许多人来说已经算是一种“成功”，不过这种“成功”得来的“收获”有限，而且很辛苦，需要付出的代价也很大，所以我将这条路称为“艰辛努力之路”。

2007年以后，我走上了另一条路，这条路让我今天的财富比过去多了千百倍，而我的工作时间却比以前要少很多。可以说，这种财富的倍增是快乐、轻松的，因此，我称之为“轻松智富之路”。

今天，我向你分享我的故事，是因为这两条路我都走过。我想告诉本书所有的读者：其实轻松的“智富路”与凭借苦干的“艰辛努力路”比起来，前者能让我们走得更远、更开心！也希望我的亲身经历能为正在追求成功的你带来启发。特别是，如果你现在觉得付出了很多，却没有得到理想的收获，那么这本书可以让你的梦想加快成真！

我的 “艰辛努力路”

我出生于上海，1978年移民到香港生活。在当时，香港人是看不起内地人的。

我读小学的时候经常被人欺凌，在一个地方读不到半年时间就要被迫转校。当时家里条件还不怎么好，我和父母三个人一起住在重庆大厦的一间狭小的房间里。弱小与贫困让我自小立志一定要成功，一定要让我的家人过上更好的生活。

我敢说自己真的要比同辈人付出更多的努力，从来也没有停下过拼搏的步伐，总觉得停下就是对岁月的蹉跎，所以我将上半生总结为一个字——忙。

我的父辈们常说：“成功必须要苦干！”这句话在我脑海中根深

蒂固，自幼便主导着我。

当年罗文所唱的名曲《狮子山下》里也有句歌词：“大家用艰辛努力写下那不朽香江名句。”

因此，在我年轻时最理想的成功路便是努力读书，考入名校，进入好机构，找份好工作，升职加薪。

皇天不负有心人，我在30岁之前就走上了这条成功路。因为我真的很努力，从小学开始就一直在为好成绩奋斗，中学进入了香港的名校九龙华仁书院，在公开考试中（香港会考）拿了8科A级、1科B级的优异成绩。

在当年，我凭借这个成绩成为状元，后来，我拿到了奖学金前往美国留学，在四年内完成了五年的电机工程学士和硕士课程，毕业的时候，我的成绩排在整个工程学院的第二名。

为什么选择电机工程？其实我根本不知道自己想读哪一个专业，只是因为当时电机工程毕业后的工资最高而已。

由于我成绩出众，毕业后就进入了当时很多人梦寐以求的公司——IBM（现在的Lexmark，这家公司当年是IBM的打印机分公司）。不过，这份梦寐以求的工作我只做了两年便萌生了辞职的念头。

后来我去了全世界顶尖的商学院——芝加哥大学。为什么选择去芝加哥大学？只是因为这所大学以读书辛苦闻名，当时的我仍深信要获取成功一定要付出努力，便觉得芝加哥大学最适合自己。

在芝加哥商学院读书时，我仍旧很努力，一直保持着优异的成绩，结果我真的进了麦肯锡公司（McKinsey & Company）工作。

麦肯锡是全世界著名的顾问公司，也是商科毕业生最想进入的公司之一。可是这份工作我只做了几个星期就不想再做了。

之后，我还试过到另一家顶尖顾问公司科尔尼（A.T.Kearney）任职，结果还是一样，不到一年便离开了。

当时我很疑惑：工程学院和商科毕业生最理想的工作我都不想做，到底是为什么呢?

也许我不适合打工吧，那么我就创业，自己做老板!

当时是1999年，互联网热潮刚刚兴起，我在纽约的一家上市公司拿到了500万美元回香港创业，建立了一个纺织交易网，做得还算不错。

在这期间，我在不出一分钱的情况下收购了迅时国际（InfoAge），还与内地的中国化纤协会合作，创办了“中国化纤交易网”。当时，我在香港、上海、深圳有100多个员工，客户也很多，其中大部分都是名企。

后来我更是得到了香港政府发放的创新基金，吸引了长江、和黄、汇丰等大公司入股，计划上市。

当年我做的事情与内地的马云先生差不多，可是，我依然无法开心起来，因为工作压力太大了，这让我的脾气和健康都变差了。因为工作需要，我经常会到处出差，结果与家人相处的时间越来越少，亲情关系如履薄冰，接近“破产”！2004年，我再次迷失。做了四年多之后，我还是离开了自己一手创办的公司。

当时的我很迷惘：最好的工作，我做不长；自己创办的公司，我也做不长。是我有什么问题吗？为何我总是这么悲愤呢？为何我做什么都会放弃呢？我还能做什么工作呢？这些问题一直困扰着我，让我非常抑郁，甚至萌生了出家做和尚的念头。

三年的迷失

在我最迷惘失意的时候，我太太带我去参加了不同的个人成长课程。2004年，我太太去听了一个三小时的讲座，她听完后，就帮我报了一个三天的课程。

我还记得当时自己非常不乐意去上课，我觉得自己已经有两个硕士学位了，不需要再浪费时间和金钱去听乱七八糟的课程，所以直到开课的当天早上我还在和太太吵架。然而，这三天的课程却令我大开眼界。我仿佛找到了自己过去不开心、不成功的原因了，也好像看到了未来的出路。在这次课程之后，我报了该主办单位的所有课程。

此后的三年，我和太太每人花了超过100万美元的金钱成本，只为飞到不同的城市，把全世界顶尖的成长课程全都听一遍。

如果是在武侠小说的世界里，三年的拜师学艺，必定会有所成就，然后下山去历练，对吗？可惜事实并非如此！

我很想成功，所以不断尝试着到不同的行业做不同的工作，包括在如新公司（Nu Skin）做直销商，在和顿公司（Walton）担任卖地顾问等。我从早上6点起床一直要忙到午夜，但结果依旧不如人意，屡试屡败。

大家可以想象，在这三年里我花了大量的时间和金钱，听了无数的顶尖课程，结果不但收入接近零，而且还因为想赚“朋友钱”，几乎失去了身边所有的朋友，大家都不喜欢我了，甚至一听到电话是我打的就会挂断。

我看着和我一起上课的同学已经获得了成功，而我却一事无成，内心受到了很大的打击。

我由最初小小的迷惘变成了更大的迷惘，由小小的迷失变成了非常迷失，甚至得了抑郁症！为什么我还是没有放弃？因为我不知道放弃后，自己还可以做什么！

最心灰意冷的时候，我曾不止一次向造物主祈求给我一个成功的方法，并承诺待我成功之后，一定会将这套方法分享出去，让更多有梦想的人成功，帮助曾经与我一样迷失的人。

人生的转折

2007年，我太太又帮我报了一个价值12000美元的课程。当时的我已经上过太多课程了，仍然不出成绩，让我开始对上课产生抗拒心理。在此，我要特别感谢我太太，她想方设法终于把我带到了课堂上，而这门课正是我人生的转折点。

我突然就明白了，过去我的人生之所以一直不停地受挫，是因为我一直尝试用他人的方法来让自己成功。然而，我不是他人，他人的方法无法让我发挥出自身的优点。更糟糕的是，我一直“艰辛努力”

地奋斗，其实是“夹硬来”，这样硬着头皮勉强去做，是做不好的。

其实，当时我已经凭借着天赋，轻松地做到了财务自由。可是我觉得太轻松了，认为这只是一时好运而已，便继续将精力放在自己不擅长的地方，继续“艰辛努力”。

有了这次课程的“当头棒喝”，我和太太用了三个月时间，归纳和总结了在世界各地上课所学的内容，以及我俩多年来积攒的经验，悟出了一套可以让人通往“轻松智富”之路的“智富八道”课程。

2008年年初，我创办了智富学苑，同年也将一个全球性的创业组织引入香港，成为他们在大中华的总代理。

2009年，我和三位搭档共同创办了一个全球性的投资机构，同时，开始在新加坡、马来西亚等不同国家和城市开班授课，传播这套“轻松智富”的方法。

2013年，我带领学生们创办了商务中心，之后又投资创办了特色迷你仓、培训中心、香港培训师协会、香港创业者联盟等机构。

现在，智富学苑已成为全香港最大、最著名的财商教育机构，我们的智富商务中心扩展到了7家分店，智富商机也成功培育了多个企业。

这时，我的收入不但恢复了之前“艰辛努力”时的水平，而且还在那个水平上提升了上百倍。

更重要的是，我过着自己想要的生活，陪伴家人的时间变多了，做人也开心多了，工作也得到了顾客的认同和团队的支持。我应用并实践了“智富八道”，最后终于轻松成功了！而这种“轻松智富”才是我想要的成功!

现实社会中，又有多少人可以做得到“轻松智富”呢?

我从2009年开始开班授课，教出了很多取得骄人成绩的学生。我在这本书中除了自己的故事外，还会插入一些学生的成功案例，他们都在自己的智富之路上成功了，你们也要对自己有信心。

无论你现在是什么样的情况，这套“智富八道”都可以让你在个人层面实现“轻松智富”，在企业层面实现“百年企业”。

为什么我要教你“智富八道”？

我很感恩在人生当中出现过的贵人和导师，其中对我影响最大的就是我的太太袁风华。很遗憾，在我们前13年的婚姻生活中，我经常因为工作而与她分隔两地，也经常因为工作压力太大而冲她发脾气，一度让婚姻发展到濒临破裂的地步，幸好她没有放弃我。

其实我太太才是这套“轻松智富”功夫的祖师爷！奈何我当时相信成功要付出“艰辛努力”，所以对太太的教导不但没有接受，更以“懒散”“做白日梦”或“想不劳而获”的这类说法去责备她。

在我太太最绝望的时候，曾虔诚地向上帝祷告，希望上帝“可以点醒这个男人，然后我们一起去唤醒世人”。

感恩我曾走过的“艰辛努力之路”，这让我成为他人眼中的“成功者”，也为我探寻“轻松智富”之路打下了基础。如今，我有一个强烈的使命，就是要将“智富八道”这套令我“轻松智富”的成功秘籍分享给大家，以报答我太太甚至上天对我的恩典！

目 录

Part 1

智富有“八道”，只有“一道”适合你

创道者

宣道者

励道者

洽道者

执道者

守道者

掌道者

完道者

“智富八道”的创富解码

创道者

- ○ 那些成为亿万富翁的成功创道者
- ○ 创道者的主要特征
- ○ 创道者成功的元素
- ○ 创道者最擅长的工作
- ○ 智富的关键：创造
- ○ 智富学生的实战成功案例
- ○ 创道者需要注意的地方
- ○ 未提升自己的创道者容易有的缺点
- ○ 创道者会觉得吃力的工作
- ○ 创道者如何“轻松智富”
- ○ 创道者如何在信息时代应用“智富八道”

那些成为亿万富翁的创道者

创道者满脑子都是主意，喜欢天马行空。成功的创道者可以创造出更好的产品，他们创造出来的东西可以改变甚至颠覆世界。史蒂夫·乔布斯、马云和周星驰等都是成功的创道者。

乔布斯是苹果公司的创办人。他创造过许多具有代表性的电子科技产品，而这些风靡全球的产品，深刻地影响甚至颠覆了人类现代通讯、娱乐乃至生活的方式。

创道者敢于冒险和创新。乔布斯不满于当时市面上出现的体积庞大、价格昂贵的商用电脑，所以决定创立苹果公司，自己做研发。他的冒险与创新，使苹果计算机一经推出就备受瞩目。但是由于经营理念与当时大多数管理人员不同，乔布斯也曾被自己亲手创立的公司裁员。然而他并没有一蹶不振，仍用自己的优势成立了 NeXT 计算机公司和皮克斯动画工作室，还采用创新的方法，带领团队做出了全球首部全3D立体动画电影《玩具总动员》，并取得了巨大成功。不仅如此，乔布斯还在苹果公司走下坡路的时候重新回归，大刀阔斧地推陈出新，研发出更有效率、更易于使用的产品，挽救了公司的颓势。

1997年苹果电脑（iMac）的大卖，让苹果渡过了财政危机。随后，乔布斯又推出 Mac OS X 操作系统，并开发便携式数字多媒体播放器（iPod）和平板电脑（iPad）等产品。2007年，他将 iOS 系统放入手机，亲自设计并推出的苹果手机（iphone），颠覆了人们对电话的使用习惯。随后，每一代的苹果手机上市，都会引起世人极大的关注和销售热潮。

乔布斯曾经说过："创新决定了你是领袖还是跟随者。"的确，乔布斯的创新带领了潮流，他所推出的每一款产品都会被竞争对手们争相模仿。

创道者要求高，追求完美，这也是乔布斯能够成功的原因。

苹果的工程师们分享过一个这样的故事：在制造第一代 iPod 时，他们曾将产品递交给乔布斯审核，但是乔布斯拿到手后只是掂量了几下就否决了这项设计，要求工程师重做，将机身再缩减。可是当乔布斯拿到改进版的 iPod 后，直接就扔进了鱼缸，指着里面冒出的气泡说："你们看！有气泡，这说明机器里面依然有多余空间，继续做小一点。"

乔布斯是个完美主义者，对产品的质量和外观要求都很高。他认为只有对自己要求高，才会做出和别人不一样的产品。正因为他的坚持，苹果才会有那么多高品质的产品推出，且一推出就可以迅速抢占全球市场。

乔布斯的个人风格和对品质的坚持，让人们对苹果公司产生了这种印象——创新和完美的代表。苹果产品打动消费者的不是其生产的产品本身，而是这些产品所代表的乔布斯精神，也正是他的精神和理念才创造出了一大堆“果粉”，使人们在他离世后仍然追捧苹果公司推出的产品。

现任阿里巴巴集团董事局主席，以及淘宝网、支付宝的创始人马云也是一个成功的创道者。

创道者比其他人看得更远，敢于冒险，行动也快，马云正是如此。

1995 年，他在出访美国期间首次接触到因特网时，就看到了电子市场在中国的商机。随后，他创办了网站“中国黄页”，专为中国公司制作网页，以及为中国产品提供网上交易市场。

然而，当时许多人都不看好网上贸易，所以他去募资时，受到了很多人的冷落和嘲讽。但是他坚持自己的想法，在 1999 年创办阿里巴巴网站，开拓了电子商务平台；在 2003 年成立淘宝网，还创建了独立的第三方电子支付系统——支付宝。

这些空前绝后的全新消费模式在很短时间内就彻底改变了中国贸易市场的经营模式，也为他带来了巨大的财富。

2014 年，他成为美国财经杂志《财富》所评选出的“全球 50 位最伟大领袖”之一，也以 218 亿美元净资产成为中国首富。

创道者的主要特征

作为适合走创道的人（创道者），他们充满梦想和创造力，喜欢天马行空，满脑子都是主意。所以，当他们有一个可以自由创造的环境，以及有一个营销团队和能管理细节的团队做支撑时，便能专注在宏观的蓝图战略上，以创造性的方式做出杰出的成绩。

创道者无法停止创造。他们在资源、资金和其他人的耐心都耗尽之后仍会选择继续创造，甚至做出重大的突破。例如，在沃尔特·迪斯尼的第一部动画片完成之前，他的经销商就破产了。在第二部动画片问世前，他也把自己的积蓄消耗光了。为了制作现在享誉世界的动画片《威利号汽船》，他曾深陷资金泥潭，唯有写信给他的哥哥说：“将我们的全部作为赌注，把它做好之后，我们就全身而退。”

创道者善于在混乱的世界中看到机会，高瞻远瞩的同时又敢于冒险，擅长开展新的项目，迅速创造收入，所以创道者非常适合创业。

他们的强项是能够同时执行多项任务，并且能以最快的速度得到结果。同时他们也善于开发新事物或开展一个新计划。

他们通常性格乐观，并能启发他人，也敢于挑战超乎自己能力的任务，且富有远见，可以看到宏观的画面。他们信任自己的直觉，从不让任何市场调查左右自己的信念和想法。

创道者总是比其他人想得更快，所以经常会出现团队成员跟不上节奏的情况。而且，有时创道者会没有耐心，脾气差，所以他们并不是最优秀的管理人员。他们会因为太冲动而忽视风险，所以经常碰壁。

创道者是“任务主导”型，一旦有重要任务在身，他们就会全神贯注、废寝忘食地去完成任务。但如果是不断重复性的任务，他们很快就会失去激情，直到下一个新任务到来，再将激情重新拾起。

创道者往往拥有大起大落的人生，学会“轻松智富”后才能迅速创造自己的天地，甚至颠覆传统，改变世界。

创道者成功的元素

拥有一个可以自由发挥的环境，在营销和管理团队的支持下，专心创作，专心致力于蓝图战略策划，保持有创造力的工作状态，让自己拥有大量的空闲时间，以便创造出下一个新的想法并实行，这才是创道者最擅长的工作。

创道者最擅长的工作

创道者非常适合去发展有创造性的项目，用创意去解决问题。他们善于宏观思考，所以在制订策略方面再擅长不过了，往往能成为出色的宏观蓝图制订者、商业策略规划者、产品开发设计者。

而且，创道者“以目标为本”的个性，也适合成为带领团队完成任务的领导。除此之外，他们也很适合从事产品开发和设计工作，以及创业。

智富的关键：创造

创道者可能会创造出一件好产品、一个全新的商业模式或者一种崭新的体验，也可能从事设计、写作、作曲、摄影或者艺术创作等方面的工作。而最成功的创道者，他们会改变甚至是颠覆整个世界！

成功的创道者如马云、周星驰、王传福、金庸、比尔·盖茨、史蒂夫·乔布斯、沃尔特·迪斯尼、托马斯·爱迪生，他们全都颠覆了传统，改变了世界！

智富学生的实战成功案例

智富爸爸的学生简家铭从事舞艺事业。他从小热爱跳舞，曾学过嘻哈、霹雳、机械舞等多种舞蹈。他也热爱武术，并且自幼习武，曾学过咏春拳、泰拳、跆拳道、空手道等多种武术。他还曾在少林寺修炼过，也拿过不少奖项。

于是，九年前他灵机一动，将自己所学过的武术和舞蹈巧妙地结合，创造出了一种糅合两者特点的新舞种，取名为“武艺舞”，很快就在香港掀起了一阵功夫舞热潮。“武艺舞”能够创造出来，正是因为他发挥了自己身为创道者善于创新的天赋！

但是成功并没有那么容易！

在创业刚开始的七年时间里，他非常忙碌，却还是只能赚到很少的钱。为什么？多年来，最令简家铭烦恼的地方就是总要到各个地方去教课，“工”无定所。虽然已有一班徒弟帮着减轻负担，但他的客户呈分散式分布，仍然需要自己东奔西跑，问题的根源没有得到解决。

近年来，除了在很多地方设立“武艺舞”教学课堂之外，他又跟很多幼儿园和小学合作，其中不少学校都将他的“武艺舞”作为体育课的上课内容。每天的基本教学加上舟车劳顿，令他和徒弟们一直处于疲于奔波的状态，颇为辛苦。

最糟的是，家人也都不支持他的事业，简家铭只好默默坚持，用看似与世为敌的孤勇来誓死捍卫内心的梦想。

一直到创业的第八年，简家铭遇上了智富爸爸。他才明白，作为一个创道者，不应该什么都做。如果每天都疲于奔命，哪里会有时间思考创新的方法？他突然发现自己只有在八年前创出“武艺舞”时运用了创道者天赋，而那也是他最轻松的时候。

在那之后，他为了这门生意，什么都自己包办，有时要充当励道者的角色去建立教学团队，有时要充当掌道者的角色去处理会计账目，有时又要充当洽道者的角色去跟学校和小区中心洽谈合作条件……这些事情让他根本没有时间静下来思考如何才能突破生意上的瓶颈，结果便是每天都忙忙碌碌却没有一点新成就。

于是，他做了一个改变！

首先，他决定不再四处教学，而是将所有焦点放在一个地方：他开了一间自己的舞室。之后，他让自己的徒弟都做了“智富八道”的测试，力求将他们的天赋和才能都放在正确的地方。

后来他发现自己的得力大弟子是一个励道者，于是他将建立团队、招募徒弟、市场推广等工作，完完全全地交给了这位大弟子。结果这位大弟子很快就帮他招来了一些有舞蹈经验和教学热情的年轻人，并且把他们培训成了合格的导师。

这大大减少了简家铭的工作时间，让他每天都可以腾出不少时间来思考新点子。这时，创道者的本能发挥出来了。

简家铭很快便观察到他的舞室附近都是办公室，有很多上班族因为长期坐在电脑面前，有了腰酸背痛的健康问题。于是，他马上想到，如果可以帮这些上班族成功解决健康问题，不就可以创造财富吗？

创道者无法停止创造，简家铭也不例外。他曾在少林寺学习过易筋经，于是很快便创造出了一套结合瑜伽、功夫和舞蹈的拉筋方法，可以快速解决上班族腰酸背痛的问题。

然后他将这套方法传授给了徒弟们，让他们再去教授给学员。结果，这个新产品“拉筋班”大受欢迎，很多上班族会在午休时或者下班后，来到简家铭的舞室上“拉筋班”。这大大增加了简家铭的销售额。

创道者永远无法停止创造，但前提是一定要让自己有时间去思考，他们可以把那些不擅长的事交托给适合的人去执行。

简家铭在收入提升后，又招聘了更多的年轻导师，腾出了更多的时间来思考新产品，很快又推出了“暴汗班”。这个班专为平时很少运动，而且长时间在空调环境中工作的上班族而设，可以让他们在短时间内达到长时间运动的效果。结果这个新产品“暴汗班”一面市就广受欢迎，甚至一度火热到需要增开分店！

结果，简家铭的舞室在一年的时间里开了八家分店，并且吸引了很多优秀的舞蹈教学人才。因此，在创业的第九年，简家铭的生意在“智富八道”的协助下终于起飞，走上了正轨。现在他已经完全实现了财务自由，不仅得到了家人的支持，也有时间跟太太一起养育孩子。

创道者要注意的地方

在智富八道图中，创道者处于上方。他们通常以两种形式出现：内向和外向。

内向的创道者是发明家，可以同时创造出多个新点子，开展多项新业务；而外向的创道者是先锋，有创新性但是更专注，不仅创造产品，也创造商业模式。

有创造力的人非常善于寻找开始的方法，不过却未必能做到善始善终。创道者通常擅长开始一个新项目，却往往不能完成它，因为他们总会在中途改变主意或者产生新的想法，结果导致许多项目无疾而终。

创道者常常会在一个项目正在进行时，就把精力投入下一份更有挑战的工作上，这经常会让他们过度分散自己的精力，从而感到十分疲倦。他们总能想出可以使自己成功的极好的点子，却经常在这个点子成功实现之前就停止。许多的创道者在项目只完成一半时，就已经在脑海中浮现了下一个令他们更有兴趣的新项目。

成功的创道者能够制造出一个系统，维持公司正常的运转，让团队中的其他伙伴负责项目的执行，从而确保自己可以安心地保持最佳创作状态。他们很清楚自己能创造什么价值，也十分清楚怎样在资产、专利、商标等方面发挥出自己的价值。他们在分享整个项目上非常慷慨，因为他们能够清楚地意识到，只有通过别人的努力配合和协助执行，才能最终实现自己的创意。

像托马斯·爱迪生、沃尔特·迪斯尼、比尔·盖茨这样的内向型创道者会把精力集中在一个领域上，专注于创造过程的本身，而让其他人去维持项目的运作；像维珍集团董事长理查德·布兰森这样的外向型创道者，会同时拥有许多让别人帮忙运作的生意。

不管是内向型还是外向型的创道者，都富有远见，并且能用自己的创新能力给予他人帮助。当他们可以自由创造时，便是发挥最大价值的时候。所以，他们越能够专注于创造，他们在团队中就越有价值，他们的产品也越优秀。

但是创道者很难成为一个好的领导，因为他们通常比团队成员走得更快，往往在一个项目完美收尾之前，就将注意力转投到下一个项目上了。

当然，这世界上也有很多失意的创道者，因为他们在开始一个新项目后,就卡在它的日常运作上了。他们在创造新项目上是非常杰出的，可是却习惯控制他人（例如常常抱怨团队不能跟上自己），因而显得平庸，他们以极佳的速度前进，却往往得不到团队的有力支撑。

除非有重要任务在身，否则一个创道者不会主动去无目的地社交，或者精准地分析数据。创道者的领导力展现在为团队制订清晰的发展方向与目标以及高标准的要求上，并使团队的注意力聚焦在可执行步骤上。

为了使团队能更有效地运作并尽可能减少摩擦，创道者需要一个善于沟通的人来领导整个团队，还需要一个善于管账的人来处理财务，否则就会导致团队不和谐甚至让公司利益受损。

创道者生来就具有创造力和生动的想象力。他们的注意力很难集中，因此与他们的沟通总是简短深刻。他们总会幻想自己已经和别人沟通过了，而实际上并没有。当创道者分享战略蓝图或者可以自由地以图像形式表达时，与他们的沟通效果是最佳的。

未提升自己的创道者容易有的缺点

不过未得到提升的创道者也会有一些弱项，例如时间意识较为薄弱，耐性也有所欠缺。由于想法很多，创道者做事很容易分心，并且很难有始有终地完成一件事，经常在第一个项目还没赚到钱的时候，就已经开始了下一个项目，而重复性的机械工作，也会让他们很快失去兴趣和动力。

创道者有时会高估他人的能力，往往因为对他人的要求过高或者为他人制定的目标太大而导致项目失败。许多创道者在创新上很成功，却因为在执行过程中对他人的过度索取和期望而失败。

因此，当一个创道者控制欲太强，过度追求事情的进展，对他人有过高的期望或要求时，就会很容易得到失望的结果。而且创道者总是过度追求成果，因此很容易在沟通上出错。

如果创道者的工作量太大，整日忙忙碌碌，就会没有时间去思考和尝试新的事物。当他们身处在公司架构复杂和制度死板的环境中，也会因为限制过多而失去创作的自由。创道者又很容易漠视规则，也不在意他人的看法，因此容易与人发生争执，甚至惹祸。

创道者会觉得吃力的工作

当了解了创道者的弱项后，你便知道创道者担任以下角色可能会觉得吃力：关于时间管理、数据分析以及需要沟通的岗位，都不适合由创道者担任；需要脚踏实地完成的任务，或需要监视项目进度的监管类工作，也不太适合创道者；在有关客户服务、市场调查、校对调整、耐心改善产品、细节优化等事情上，创道者也不是最佳人选。

如果创道者在团队中担任以下职位，可能会觉得吃力：

时间管理者、细节分析者、项目进度监控者、客户服务经理、市场调查工作者、会计等。

一般有很多规章制度或重复平凡的工作都不适合创道者。

创道者如何“轻松智富”

成功的创道者通常善于开启一个又一个的新项目。所以创道者要做到轻松智富的第一步，就是要专注在不断创新上面，并把他们的创意贡献给身边的团队。因此，创道者需要有一个执行力比他强的团队以及可以与自己互补的合作伙伴，帮助他把创意或产品落地，并执行出来。

成功的创道者会把创造过程之外的所有事务交给他人打理，让其他人来运作公司的日常事务。

内向的创道者可以做个发明家，创造新产品并保证拥有它们的专利，然后借助销售网络及生产商的力量，获得专利税或者牌照费。

外向的创道者可以做一个创业公司的领军人物，他们创造的不仅仅是一件产品，而是一门生意。他们要确保自己拥有产品权和品牌权，然后借助与公司有关的工作网络获得收入。

创道者如何在信息时代应用“智富八道”

在科技快速发展的信息时代，创道者可以充分利用日新月异的科技，颠覆旧有的商业模式！除此之外，现代科技让人与人之间的沟通更加便捷，创道者可以利用最新的沟通渠道（例如微信、微博、直播平台等），把自己的想法快速地传播到世界各地！

宣道者

○ 那些成为亿万富翁的成功宣道者

○ 宣道者的主要特征

○ 宣道者成功的元素

○ 宣道者最擅长的工作

○ 智富的关键：塑造个人品牌

○ 智富学生的实战成功案例

○ 宣道者需要注意的地方

○ 未提升自己的宣道者容易有的缺点

○ 宣道者会觉得吃力的工作

○ 宣道者如何“轻松智富”

○ 宣道者如何在信息时代应用“智富八道”

那些成为亿万富翁的成功宣道者

宣道者很容易会成为人群中的焦点，所以宣道者要想成功，就需要先做好自己，将自己打造成品牌，让其他人羡慕或向往自己的生活模式，愿意效仿或跟随，之后就可以通过为产品代言，或者将不同的项目和想法宣扬出去而获利。

篮球巨星迈克尔·乔丹就是其中一个例子。一讲起他，大众普遍都会想起他的23号球衣、飞人篮球鞋以及他坚持追求梦想的故事，而这些其实都是在塑造他的个人品牌。他就是先做好自己，通过自己的人生经历打造好个人品牌，再通过代言不同的产品实现收入增长的。

乔丹的故事其实广为人知。他出身贫困家庭，而且在一个黑人饱受歧视的环境中长大，但却坚持自己的梦想，不断地练习篮球，即便曾因身高而落选校队，即便曾在球场上失手输了比赛，他也没有放弃，一步一步慢慢耕耘，最终成为NBA史上最耀眼的巨星。

“我接受失败，但我不能接受没有尝试的失败。”“我的人生中失败过一次又一次，这才是我成功的原因。”这些都是他的名言。

他的成功故事和他所说的话，已成为一种励志精神的象征，激励了很多年轻人，尤其是黑人。

在将自己打造成品牌后，他的精神甚至生活方式都得到许多人的向往和追随。作为运动员，乔丹大部分的财富并不是来自篮球比赛的奖励，而是来自各大品牌的代言费。

他代言过的品牌包括：耐克、佳得乐饮料、恒适内衣、麦当劳、Ball Park Franks 热狗、雷诺威电池与 MCI 电信等。

从 1984 年起，耐克每年都会为乔丹推出新一代的飞人篮球鞋，要是你留意的话，这款产品上挂的不是耐克的商标而是飞人的标志，而这个品牌的球鞋也成为篮球迷们争相抢购的商品。耐克能成为全球体育用品第一大品牌商，其中飞人这条线是其成功的关键因素。

刘德华也是一位成功的宣道者，在华人社会中，基本上没有人不知道他的名字。人们对他的故事津津乐道，更是称赞他为人处世的方式。

刘德华不仅集“香港十大杰出青年”“世界十大杰出青年”“福布斯中国名人榜第一名”等殊荣于一身，更是“香港精神”的代表。

刘德华能从香港木屋区的穷小子，变身为今天万人拥戴的“刘天王”，背后有着一个又一个永不言败的故事。

刘德华的成名之路非常坎坷。他曾被电视台雪藏，拍部电影还造成了巨额亏损，经历过电影公司的诉讼风波，甚至被封杀，然而他始终做好自己，一如既往地坚持勤奋、认真、积极的态度，一路披荆斩棘走到现在。

可能有人会不喜欢他的作品，但几乎所有人都会欣赏他的工作态度和精神。他身上所具有的不屈不挠、奋发向上、顽强拼搏的“刘德华精神”，给无数身处逆境、遭遇不幸的人们带来希望与鼓励。

刘德华通过打造自己勤奋努力、健康向上、全能艺人的正面形象，得到了不少观众的追随，这让他成为政府和各大慈善机构的公益活动代言人，他代言的公益活动的数量可以说是艺人界的冠军。他曾担任世界杰出华人基金会的“中华文化大使”，香港惩教署的“更生大使”，香港救治老年人、儿童护眼的“光明大使”，中国残疾人联合会的“爱心大使”，残奥委会中国代表团的“爱心大使”，四川省的“慈善大使”，生活教育活动计划的“健康大使”等。

身为艺人，唱歌和演电影自然会为刘德华带来收入，但他最大的收入来源，却是各大品牌的代言费。历年来，他代言过的广告产品多不胜数，从车、电子产品等高端用品，到银行、旅行社等服务项目，再到洗发露、沐浴露、饮料食品等日常生活用品，品牌领域涉及之广无人可比。

而且，他代言的很多都是大家耳熟能详的大品牌：三星、铁达时、卡地亚、班尼路、百事、威士忌酒、雀巢咖啡、生力啤酒、地道绿茶、傲胜按摩椅等，而这些广告代言给刘德华带来的收益可以用“天文数字”来形容。

所以，宣道者要想成功，就要时刻注意自己的形象，打造好个人品牌，然后通过代言将不同的产品、项目或者想法宣扬出去，成功和财富就会随之而来。

宣道者的主要特征

作为一个适合走宣道的人（宣道者），他们最大的价值就是个人魅力。成功的宣道者在人群中通常是最吸引眼球的那个人。

宣道者的人生故事往往能够传递给别人正能量。他们擅长用自己的魅力去吸引其他人，从而将自己塑造成一个品牌，然后再通过增加自己的品牌价值，迅速增强自身的吸引力。他们总是有一种内在的自信去感染身边的人。

宣道者性格外向，懂得如何制造欢乐的气氛，能够快速与他人建立良好的关系，成为榜样，激励和启发他人。他们享受成为视线焦点的感觉，能够在舞台上表现自如、充满激情，所以宣道者适合上台演讲或表演。

宣道者最容易吸引别人的注意力，因此他们的价值就在个人魅力上。很显然，宣道者经常出现在体育、音乐、电影等娱乐领域中。不过，很多高级首席执行官、销售精英、顶级培训师也都在用他们最擅长的宣道者的方式来创造财富。

不过宣道者也会有挫败感，经常发现自己明明可以做到别人做不到的事情，却依旧无法成功。

学会“轻松智富”后，他们就能迅速借助他人的产品和平台来展现自己的魅力，并通过宣传产品迅速创造收入。

宣道者成功的元素

在可以自由发挥的环境中，通过自己的行为方式和行事准则建立自己的个人品牌，建立粉丝群。要有自己独特的风格，在他人的心中占据独特的位置，积极向上，像太阳一样照亮身边的人。宣道者的生活，必须是他的粉丝所向往的。

宣道者最擅长的工作

宣道者最适合在团队中担任领导。他们能成为一个“以人为本”型的领导，懂得表扬、激励他人，并带领团队走出危机，使自己的团队时刻保持最佳状态。

在团队中，他们通常是善于思考宏观大局和市场营销战略，为企业做宣传的那个人，因此做一个宏观蓝图制订者、项目宣传者是最适合不过的。他们拥有能言善道的天赋，也很适合向群众演说，宣传某些事物，所以很可能成为一名出色的公共演说家、励志演讲家。同时，他们也经常会有新点子，开发出新项目。

智富的关键：塑造个人品牌

宣道者通过塑造自己的个人品牌获利。他们的财富来源可以是产品代言、视频直播、影视音乐等各种可以增加自己曝光度的平台。最成功的宣道者，宣传自己，闪耀世界！

成功的宣道者如乔丹、刘德华、成龙、蔡澜、葛优、施瓦辛格、奥普拉·温弗瑞等，他们全部都星光熠熠，闪耀世界！

智富学生的实战成功案例

陈嘉辉是一名在生产力促进局工作的专业工程师。在一般人眼中，这已是一份不论是收入还是社会地位都十分理想的工作，但他却觉得自己做得很吃力。

工程师常常都要进行计算以及数据分析，其他同事几个小时就能完成工作，他可能要多花两三倍的时间才能完成，甚至有时还是会出错，并因此遭到领导的批评。

他回想自己当初选择做工程师的原因，发现纯粹是因为这份工作有很高的工资和社会地位，但实际上并不符合自己的长处和兴趣，所以平日里他都是在做他不擅长的事。

后来经过“智富八道”的测试，他才发现自己是宣道者。他终于明白，之前的工作让自己感到痛苦完全是因为自己一直在做着不擅长的事情，如果继续从事以前的数据分析工作，只会一直辛苦下去。

当陈嘉辉知道了宣道者的长处在于向群众表达以及宣传事物时，他做了一个决定。这个决定让他在短短一年内由一个籍籍无名的打工仔，变成了公司里最优秀的员工，不仅升职加薪，而且工作还轻松了很多。

做完“智富八道”测试后，他去找老板商量，向老板争取更换工作岗位的机会。他想把手头工作交给擅长数据分析的同事，转而去负责对接客户的工作，或是与人相关的培训工作，或是带领考察团等能最大化发挥宣道者天赋的工作。最后他成功说服了老板并得到了一次尝试的机会。

他跟老板约定，在某个时间内如果做出成绩就可以继续做下去，如果做不出成绩就必须回到原来的岗位。

他知道如何将复杂的事情简单直接地表达并完美地演绎出来，

这是他作为宣道者与生俱来的天赋。于是，他将工作焦点放在向政府和不同机构申请项目经费上，以及将项目向业界推广，从而吸引更多的客户上。

通过举办培训和组织考察活动，他大大增加了公司及项目的知名度和曝光率。老板非常满意这个结果，决定让他继续从事自己擅长的工作。

此后，陈嘉辉不需要再像以前一样辛苦忙碌了，反而省下了更多时间去做自己擅长的事情，这令他的工作越做越好，接手的项目也越做越有成绩。他所做的项目不仅多次被业内杂志的采访，还收到了很多客户亲自写来的致谢信。之后，他因某一项专利发明在2011年获得了香港工程师学会颁发的年度发明家大奖。

最后，陈嘉辉在公司大大提升了自我价值，并在一年内获得了公司颁发的最优秀员工奖。

在一家大机构，如果要升职，必须等职位高的人离开或退休，有了悬空的职位后才可以晋升。但是公司看到了他的价值，即便他所在的部门没有升职的位置与空间，老板也特别安排，将其他部门的职位空出来给他提升的机会。

陈嘉辉运用了宣道者的智富方法后，不仅工作得更轻松了，还做出了更加出色的成绩。除此之外，他用多出来的空余时间投资并发展了一门与自己的天赋相关的生意，也开始代言其他产品，轻松地实现了收入的大幅度提升，使自己在短短 18 个月内达到了财务自由。

宣道者需要注意的地方

在智富八道图中，宣道者坐落在右上方：有创造力而且外向。他们站出来的时间越多，就越会感觉自在，也会吸引到越多的事物。

宣道者也是一位创造者，但与创道者不同的是，创道者创造的是产品，而宣道者创造的是表达方式。

宣道者是最好的宣传者，他们适合在最前线领导团队。如果不束缚宣道者，并尽情给予他们发光发亮的机会，那他们会成为团队里最好的发言人和代言人。但是一旦打击了他们的信心，他们也很容易成为团队中最挑剔的人。

宣道者天生就能够创造出一个独特的品牌，会吸引很多人。当然，他们也会因为别人无法理解自己而感到沮丧，因为得不到支持而使自身的信心与能力有所下降。

成功的宣道者会乐于分享他们成功与失败的经验，这样的人包括刘德华、阿诺·施瓦辛格、欧普拉·温弗瑞、马莎·史都华等众多名人。

不要指望一个宣道者有耐心去等待他的团队，或者专注于工作细节（除非是与演讲内容或者人物等方面有关的细节）。

宣道者的领导力体现在启发他人和带领团队方面，但是为了让团队更有效地运作，他们需要一个圆滑的助手来强化自己与他人的关系，还需要一个注重细节的人来管理账目以及建立系统。

宣道者擅长站在舞台上与观众沟通，然而他们观察细节的能力却比较弱。这表示他们在面对一群人的时候，比面对一个人的时候更能发挥出出色的沟通能力。

宣道者会很认真地准备下一场表演或演说，却不会花时间和精力做长期的策略规划或财务预测（除非是工作需要）。如果你将一份50页的计划书摆在宣道者面前，就算他会看，也别指望他会很快看完。

正因为宣道者天生外向，很喜欢被他人围绕的感觉，所以他们在成为众人关注的焦点后也能很快适应。事实上，他们在跟人谈话时产生新的想法比自己独自思考时来得快。

作为有创意的表演者，宣道者拥有一种内在的自信，这种自信驱使他们能够站起来领导团队。然而，有些时候其他人会觉得他们过于自信。所以，成功的宣道者在学校里就已经学会了怎样约束自己的自大。

充满激情与缺乏耐心的个性让他们总是做第一个表演者，占据所有的风头和功劳，从而招来他人的不满。因此，宣道者的热情很快就会因无人支持而燃烧殆尽，最后无奈地从镁光灯下退出。

相反，懂得调整自己并且给予身边的人某些责任与功劳的宣道者会获得长远的发展。这个技巧在生活中同样重要，因为很多宣道者只关注照亮自己而非照亮他人，最终会失去身边人的支持。

未提升自己的宣道者容易有的缺点

未得到提升的宣道者也有一些弱项。例如，很多宣道者从小就受到家长严格的约束，或在现实生活中因为不脚踏实地、经常出风头而屡受打压，从而变得“谦卑”“礼让”，失去了宣道者应有的自信和光芒。

如果宣道者过得辛苦忙碌，就不会有粉丝向往他们的生活；如果他们没有清晰的故事和个人定位，也不能建立自己的品牌和影响力。

宣道者很容易因为对他人期待太多、要求太高，而经常太过强势，总是忘记考虑他人的感受。因此，当宣道者对他人期待太高时，总会吓走身边的人，或因为善于辩驳，而失去听取他人意见的机会。此外，他们还经常不假思索地接受第一个想法而忽略了其他的想法或可能性。

宣道者具有创造力，但有时会因为想法太多而不能及时完成，经常会“雷声大雨点小”，有太多想法却总不能落地执行，而且他们在细节方面的把握能力也比较弱。

宣道者会觉得吃力的工作

正因为宣道者不善于把握细节，所以不适合做研究细节、时间把控、规划系统、准确计数，或者其他需要通过数据来沟通的工作；不适合担任财务细节的分析和记录、项目管理等需要具备谨慎思考能力的角色。

如果宣道者在团队中担任以下职位，可能会觉得吃力：

财务管理者、细节分析者、项目进度监控者、客户服务经理等。

宣道者如何“轻松智富”

成功的宣道者是一个闪闪发光的代言人和出色的演讲家。所以宣道者做到轻松智富的第一步，就是要成功打造自己的个人品牌，让他人羡慕自己的生活方式，吸引更多粉丝。然后，宣道者需要找到一个伟大的项目或者理念，成为其代言人，将项目宣传出去，将理念发扬光大。

宣道者可以做一个闪耀的明星，或者一个启发他人的演说家。通过自己的个人故事和行为方式来引导他人，从而建立起独特的个人品牌。

宣道者本身就是他们最好的产品。所以，只要他们能确保自己拥有无可替代的个人品牌，就能借助代言的方式来获得收入。

宣道者如何在信息时代应用“智富八道”

在科技快速发展的信息时代，宣道者可以充分利用最新的沟通渠道（例如微信、微博或直播平台等）打造自己的个人品牌，然后将自己的形象以及理念迅速传播出去，培养大量的铁杆粉丝。

励道者

- ○ 那些成为亿万富翁的成功励道者
- ○ 励道者的主要特征
- ○ 励道者成功的元素
- ○ 励道者最擅长的工作
- ○ 智富的关键：领导、鼓励团队
- ○ 智富学生的实战成功案例
- ○ 励道者需要注意的地方
- ○ 未提升自己的励道者容易有的缺点
- ○ 励道者会觉得吃力的工作
- ○ 励道者如何“轻松智富”
- ○ 励道者如何在信息时代应用“智富八道”

那些成为亿万富翁的成功励道者

宣道者的特长是宣传自己，而励道者的特长则是带领团队，鼓励和激发团队成员的潜能。

通用电气董事长兼首席执行官杰克·韦尔奇曾经说过："在这个信息时代，很多人都会比公司的行政总裁掌握更多的信息，所以作为一个行政总裁，我能做的事情就是激发和鼓励我的员工，让他们自发地将掌握的信息转化为行动力，为公司增值。"

杰克·韦尔奇拥有"20世纪最伟大的经理人""最受尊敬首席执行官""全球第一首席执行官""美国当代最成功、最伟大的企业家"等称号，是一位成功的励道者。

励道者遇到对的老板和公司，是十分忠诚的，可以长时间为公司效力。

杰克·韦尔奇的第一份工作就是在通用电气公司，他从1960年开始就在那里工作，之后也是通过自己的管理才华一步步晋升。1981年，年仅45岁的杰克成为通用电气公司历史上最年轻的董事长和首席执行官。

励道者可以在企业成功起飞之际，建立和带领团队，将企业发展壮大。大部分人都认为创业难，守业更难，而杰克·韦尔奇改变了这个说法，让通用电气这个百年老企业重放光彩。

20世纪80年代的通用电气已是一家有着百年历史的大企业，然而与表面的辉煌不同，公司里存在着重重危机，在全球化的经济竞争中不断走下坡路。而杰克·韦尔奇上任后，利用短短的20年时间，不断进行改革，成功地将一个弥漫着官僚主义气息的公司，打造成了一个充满朝气、富有生机的企业巨头。

从杰克·韦尔奇的名言和管理理念中，不难看出他坚持“以人为本”的思想，充分发挥出了励道者的优势。励道者富有亲和力，既能够维持良好的人际关系，也擅长鼓励团队，给予成员们以信心。

在管理方面，杰克·韦尔奇独创了许多方法，既能改善人际关系，还能提高士气，当中最为著名的有“聚会”“突然视察”“手写便条”等方法。他每周都会突击视察工厂和办公室，与比他低好几个级别的经理共进午餐，无数次给公司员工留下亲手写的便条。这一切都给员工一种亲切感和归属感，尤其是小小的便条，更是鞭策和鼓励了他们。

励道者善于发掘他人的才能，并将其落到实处，令每一个团队成员都能发挥自己的才能和天赋。杰克·韦尔奇十分重视人才，他说过：

“领导者的工作，就是每天把全世界最优秀的人才招揽过来。他们必须热爱自己的员工，拥抱自己的员工，激励自己的员工。”

他独创了很多用人秘诀，如投入经费将企业的教育中心改造为克劳顿维尔管理学院，世界百强的企业中，有许多中高级别的主管都曾在里面学习过。

除此之外，他还建立“活力曲线”“通用电气价值观卡”等制度去留住人才和裁掉冗员。当时，IBM 等大公司正大肆宣扬雇员终身制，而杰克·韦尔奇则是削减了十多万个岗位，并将 350 个经营单位裁减合并成 13 个主要的业务部门。这个举措令业界备感震惊，但也正是这些及时的措施和良好的升迁制度，让通用电气的人才层出不穷。

杰克·韦尔奇自己也说过：“在通用电气，我不能保证每个人都能终身就业，但能保证让他们获得终身的就业能力。”

杰克·韦尔奇创造了一种最有益于人才成长的文化，不仅为公司培养了许多经营管理方面的人才，还使通用电气成为赫赫有名的“经理人摇篮”“商界的西点军校”。美国《财富》杂志评选出的 500 强企业中，有超过 1/3 的首席执行官都是从通用电气走出来的，这足以证明他的影响力。

在杰克·韦尔奇的领导下，公司员工都能发挥出自己的优势，公司的业绩变得越来越好。通用电气的市值从杰克·韦尔奇上任时的130亿美元上升到了4800亿美元，也从全美上市公司盈利能力排名第十位发展成排名全球第一的世界级大公司。

2001年，杰克·韦尔奇退休之际，通用电气旗下已有12个事业部成为各自领域内的领先者，还有9个事业部入选了《财富》杂志选出的500强企业。杰克·韦尔奇带领通用电气从一家制造业巨头转变为以服务业和电子商务为导向的企业巨人，使有着百年历史的通用电气成为真正的业界领袖级企业。

励道者的主要特征

作为一个适合走励道的人（励道者），他们热情如火，亲和力强，很容易和陌生人打开话题。

励道者非常注重人际关系，乐于建立团队和认识新朋友，也能接纳有不同文化和习惯的人，所以他们通常拥有良好的人际关系，和身边的人总能和谐相处。

励道者在团队里发挥的最大作用，就是帮他人建立自信，激发出每个人最好的一面。他们擅长鼓励团队，给予成员以信心，发掘他人的才能。

他们是天生的领导者，既可以领导别人，也可以跟从他人的领导，对自己欣赏的团队高度忠诚，是一个优秀的“啦啦队队长”。

励道者非常注重团队的建设和鼓励团队成员。所以，如果有人做了不利于团队发展的事情或者对团队成员不尊重，励道者一定是第一个站出来维护团队的人。他们会通过鼓励团队成员，使大家能团结在一起做事，一直维护着团队的和谐。

励道者天生就拥有很强的社交能力，并对人十分忠诚。他们的价值在于能给身边的人提供正能量。如果你让励道者独处一室，他们通常都会彷徨无助，正如火离开了木头一样，燃烧不了。如果你给励道者提供一个机会，让他们去组建自己的团队，他们通常都会给你交上一份满意的答卷。

当励道者有清晰的方向和目标时，才会充分发挥出自己的优势。他们愿意花时间跟每一个成员沟通并激励他们，从而建立起一个忠诚的团队。如果你为他们提供了一个富有创意的想法或启发，励道者也会乐于接受任务，带领团队完成挑战。

励道者不需要去自己创新，他只需要管理好团队就可以了。

亿贝的行政总裁玛格丽特·惠特曼就是一位出色的励道者，她的特长就是鼓励团队去成长和行动，通过为亿贝的员工提供一个互相支持和鼓励创新的平台与环境，激发出员工的创造力，从而不断创造出新颖的产品。

励道者学会轻松智富后能迅速建立起自己的团队，并且与每一个财富创造者合作，通过团队的力量为自己创造收入。

励道者成功的元素

励道者只有在团队中才能发挥出自己的潜能，通常在自己欣赏的团队中才能长期发展。他们的能力通过其他团队成员的提升来显现，所以成功的励道者会激发每个团队成员的天赋，他们投入时间跟每一位团队成员沟通，建立和谐的关系网络。

励道者最擅长的工作

励道者在团队中最适合担任“以人为本”型的领导者，适合从事与人沟通、团队建设、激励他人的工作。

在团队中，励道者也是协助创道者和宣道者的极佳人选，所以励道者适合担任市场营销、人际关系管理、建立团队、激励他人、发挥领导能力等需要与人沟通的角色。

智富的关键：领导、鼓励团队

成功的励道者能够建立一支忠于自己的团队，通过鼓舞激励，让每一个团队成员发挥出自己的才能和天赋，再与财富创造者合作，利用自己团队的杠杆价值，产生最大的效益。

最成功的励道者，可以在企业成功起飞之际，建立和带领团队，让企业发展壮大！

成功的励道者如范鸿龄（中信泰富董事总经理）、迈克尔·埃斯纳（迪士尼的行政总裁）、玛格丽特·惠特曼（亿贝的行政总裁）等，他们全部都通过团队的力量，将事业做得很大！

智富学生的实战成功案例

我们来看看全香港最受欢迎的股票培训导师钟启华（股海救星 Edwin Sir）和他带领的团队。

智富爸爸的学生钟启华，原本在一个有着六千多名员工的制衣厂担任总经理，后来通过股票投资实现了财务自由，也为家人买了两套房子，于是，他决定提早退休，全职投资股票。

起初，钟启华觉得自己摆脱了工作的束缚，很享受自由自在的全职投资生活，但一段时间后，他觉得无所事事的日子更加难熬。

他很喜欢与人沟通，和人聊天，但自从离职之后，他就远离了热闹的人群，日子过得很苦闷，每天只能到股票交易所跟那些退休的老人家聊聊股票，打发时间。

后来，他跟一位朋友来上智富爸爸的课程，从此找到人生的新方向。

在“智富八道”的启发下，他了解到自己是一个励道者，最擅长与人沟通、促进合作，也善于带领团队。之前他能在制衣厂里做到总经理的级别，正是做对了励道者应做的事。可在离职后，他却把自己封闭在家里钻研股票、分析数据，做了跟励道者特质完全不符的事，所以即便过得更加自在，他却觉得更难熬了。

于是钟启华开始思考，在人生的下半场应做些什么事业？他记得智富爸爸曾教导他，必须做与自己的爱好和天赋相关的事。

于是，他立刻做了一个决定！

他想了很久，觉得自己热爱的事就是投资股票，而与人相处、组织团队是他做得最得心应手的事。于是，他灵机一动，便决定开班授课，将自己十多年来投资股票的经验传播出去。

钟启华知道，设计课堂、制定营销策略、搜集数据等方面不是自己的强项。但他更知道，要开办股票教学班，必须要有团队，并且要让每个团队成员都做自己最擅长的工作。

后来，他与智富爸爸合作，并找到了三位志同道合的人（包括林永基、周浩晖，以及本书编者罗伟深），共同组成了“智富股票”团队。

他的选择正是励道者应做的事：和一个财富创造者合作，通过自己团队的杠杆价值，产生最大的效益！

因为走对了路，他的培训班在短短一年内成为全香港最受欢迎，也是报名人数最多的股票教学班，学生人数超过 2000 人！

钟启华和罗伟深是励道者，智富爸爸和林永基是创道者，周浩晖是掌道者。

林永基曾在外国投行做交易员五年，投资经验丰富，但是回到香港担任财务公司的管理人员后，却工作得很苦闷。

周浩晖在大学担任高层研究员多年，事业发展到了瓶颈期，想要寻求新的突破。

罗伟深虽有多年投资股票的实战和研究经验，精通赚钱之术，但却对自己的工作很不满意，因为他在重名中学任职，大部分时间都在做行政类的重复性工作。

钟启华应用了“智富八道”，做了励道者应做的事，成功鼓舞了这支“智富股票”团队！

钟启华明白，励道者拥有“以人为本”的个性，善于与人交往，所以他不再独自在家投资，反而将投资方法及心得传播出来与学生分享，帮助众多散户。他富有热情和亲和力，经常在私下和学生聚餐，为他们解答股票方面的疑难问题，还时刻鼓励他们，这令他深受学生们的欢迎。

罗伟深跟钟启华一样都是励道者，他对人的心理反应有着天生的触觉，因此负责股票班的市场营销及推广方面的工作。同时，他也是钟启华教学方面的好搭档，他们在课堂上轮流讲授，让学生在不同层面学到知识。

林永基是创道者，他的头脑转得快，擅长处理以创意为本的工作，因此负责开拓市场。他和智富爸爸都是创意不断、点子丰富的创道者，因此两人联手设计股票课程。林永基更是将股票投资游戏化，设计出可以模拟真实股票市场的游戏，让同学们理解起来更加轻松，所以学生们都称赞股票课程简单易学。

周浩晖是掌道者，擅长计算及数据分析，因此股票班的教学材料、简报、股票研究等方面的数据经过他的去芜存菁后，让学生们能学到实实在在的东西，所以学生们都称赞股票班的教材颇为实用。

现在，钟启华每天与团队成员一起共事，也可以随时放假，还在股票班上结识了很多高素质同学，与更多人成了朋友，生活过得非常精彩和充实。

励道者要注意的地方

在智富八道图上，尽管励道者与宣道者只差了一格，但这两者的区别就好比雷霆与闪电，差异巨大。

励道者能够让团队产生极大的凝聚力，而这恰好是宣道者所欠缺的。这是因为宣道者会让人产生有距离感的崇拜，而励道者则会在身边让你感受到切身的鼓励。励道者做事凭直觉和感觉，所以他们通常都会像天线一样，发现每个人的特点和变化，协助财富创造者，将目标传递给所有团队成员，带领团队行动。

励道者非常喜欢跟人聊天，而且他们丝毫也不觉得累。相对于宣道者在台上演讲的那种单向的沟通方式，励道者更喜欢双向互动的沟通方式。因为有着天生的人际沟通才能，他们可以在日常交谈中达到最好的沟通效果，会通过小故事将生活哲理传达给对方，也能够从与他人的沟通中得到启发。

励道者的另一个特点就是容易分心，所以需要注意的一点，就是在开始对话之前，要先有一个清晰的概念和目标，以便在交谈过程中提醒自己不要离题。不能做到轻松智富的励道者在生活中可能会因为缺乏纪律，而容易在众人的意见和舆论中迷失自己。

励道者是团队里的带头人，但不要期望他们能做好行动计划。他们需要在别人的帮助下拟定行动计划，然后再带着团队一起向前走。他们会给团队创造一个和谐有趣的工作环境，然后按照既定的日程完成项目。

生活中，成功的励道者只需要做对一件事情，那就是挑选一个自己欣赏的领导或者公司，然后长期地、忠诚地为他或公司服务，并且培养一个忠于自己和公司的团队来支持自己。

所以励道者若要成功，就需要经常问自己："我应该和谁一起共事？"而不是问："我应该做些什么？"如果他们太过注重问"做什么"或者"为什么做"的话，很快就会迷失自我。

一个出色的励道者，非常善于给予团队成员自信和鼓励，然后让团队成员自发地去行动。

杰克·韦尔奇曾经说过："我平时最大的工作就是给予他人自信，然后鼓励他们自发行动。"简单地说，励道者就是团队中的"黏合剂"，可以让所有人都团结在一起。

未提升自己的励道者容易有的缺点

未得到提升的励道者也有一些弱项。尽管励道者是与人相处的能手，但是他们对数字和细节没有耐心，无法踏实地待在办公室里。所以当他们独自一人解决问题的时候，通常都会失败，也通常会因为没有合适的团队配合而止步不前。

励道者失败的原因一般有两个：一是没有清晰的方向，二是团队离他而去。

励道者有时会过度地将焦点放在他人身上，喜欢无目的地长时间聊天，有时也会口无遮拦，经常在无意中得罪别人。

励道者经常会因为太在意身边人的意见而没有自己的立场，所以未得到提升的励道者会过度依赖他人的意见，导致有时候意见太多而做不了客观的决定。

励道者会觉得吃力的工作

当了解到励道者的弱项后，你便知道：励道者不应该承担与细节和数据打交道的任务，如财务管理、系统计划、调研与测量、行政管理、数据计算等工作；创造也不是励道者的强项，所以创造新的想法、开始或结束一项工作也不太适合励道者。

如果励道者在团队中担任以下职位，可能会觉得吃力：

财务管理者、系统策划者、行政管理者、数据处理员等。

励道者如何“轻松智富”

成功的励道者非常喜爱团体活动，并且有机会就想在团队中鼓励他人，发挥他们的才能。所以，励道者轻松智富的第一步是建立团队，并且从中发现他人的优势，鼓励他们将其发挥出来。

微观管理（管理者通过对被管理者的密切观察及操控，使被管理者完成管理者所指定的工作）对励道者并不管用，如果给他设立一个目标，让他通过团队合作来完成，就会得到非常好的结果。

励道者通常会通过多样化和富有激情的活动来实现“轻松智富”。当励道者将他的能量带到团队以及项目中去的时候，他会点燃整个团队，从而让团队取得最好的成绩。励道者需要尽可能多地联系身边的朋友，因为这些人际关系就是励道者最大的价值。之后，励道者需要建立一支忠于自己并且具有行动力的团队。

励道者如何在信息时代应用“智富八道”

在科技快速发展的信息时代，最新的沟通渠道（例如微信、微博、直播平台等）可以让人与人之间的沟通更加便捷，所以励道者可以充分利用新渠道的优势节省会面时间，与更多人保持联系！

洽道者

○ 那些成为亿万富翁的成功洽道者

○ 洽道者的主要特征

○ 洽道者成功的元素

○ 洽道者最擅长的工作

○ 智富的关键：洽谈、联系

○ 智富学生的实战成功案例

○ 洽道者需要注意的地方

○ 未提升自己的洽道者容易有的缺点

○ 洽道者会觉得吃力的工作

○ 洽道者如何“轻松智富”

○ 洽道者如何在信息时代应用“智富八道”

那些成为亿万富翁的成功洽道者

现任的美国总统唐纳德·特朗普就是一位成功的洽道者。

洽道者有着良好的谈判技巧，懂得把握时机和依靠身边的人际关系去创造价值。特朗普大学毕业后就进入了父亲创建的房地产公司任职。他工作后搬离了生活圈子狭窄的纽约市皇后区，独自一人到繁华热闹的曼哈顿区闯荡，勇敢地在高级社交圈中结识有钱有势的政经名流。而从那时积累下来的人际关系也对他日后在房地产事业方面的发展提供了莫大帮助。

他的第一桶金就是通过自己的人际关系打造出来的。

1975 年，他看上了邻近纽约中央火车站的破旧旅馆，想要将其打造成豪华酒店。在没有资金的情况下，他利用自己的人际关系和谈判技巧，从政府那里得到了 40 年的减税优惠，也顺利办妥了银行的贷款手续，借到充足资金，还找到了一位著名的设计师来为酒店设计。

在种种条件都准备好之后，他还接触了凯悦酒店的老板，以只出招牌和精英团队就能多一家分店的条件吸引对方，得到了凯悦酒店的加盟资格。

特朗普只是联络好各种不同的关系，基本上没有出什么资金，就将原本一文不值的破旧旅馆变成富丽堂皇的大酒店，使其至今仍生意兴隆，吸引着络绎不绝的宾客，而他自己也从其中获利不少。

凯悦酒店加盟店的成功，令当时年仅 34 岁的特朗普在纽约市颇具名气。有了这次的成功经历，以及在政经界建立起的人脉关系，特朗普可以轻而易举地扩大信用额度，投资手笔一次比一次大。只要以“特朗普”之名做担保，就有数家银行愿意随时提供千万美元的贷款金额。

特朗普就是利用自己的人际关系，促成了各种不同的合作项目，投资范围延伸到房地产以外的行业，如开设赌场、经营航运、主掌职业足球队、赞助职业拳击赛，甚至他在电视台、杂志、服装等领域也有投资。

特朗普也曾身处财务窘境，他曾四次破产，但每一次都是凭借着自己的人际关系与谈判技巧，又重新回到顶峰。

如 20 世纪 90 年代初期，美国房地产行业不景气，特朗普手中的资产从 17 亿美元骤然跌至 5 亿美元，而他当时还债台高筑，单是每年负担的利息就多达两亿多美元。除此之外，企业的正常运转也需要周转资金。为了避免破产，他利用自己的谈判技巧让各位债主，尤其是银行团明白，一旦自己宣布破产，他们不仅失去利息，可能连本钱都拿不回来。他还利用自己的人脉关系说服各大银行允许他暂缓支付部分贷款利息，延时回收亏损的资产，让他继续经营生意。

正是因为特朗普发挥了洽道者的特长，懂得在合适的时候，把合适的人脉关系和利益联系在一起，几年后，他又再度活跃于房地产、赌场、娱乐界、体育界和交通界的投资活动中，做回了亿万富翁。在之后的几次破产中，他同样利用这个优势东山再起，至今仍稳坐在富豪榜中。

香港富商李嘉诚之子李泽楷也是一名成功的洽道者。据 2015 年《福布斯》杂志公布的全球富豪排名数据来看，李泽楷的身家约 45 亿美元。

李泽楷因为父亲的缘故，从小就接触很多财经界、政界的名人，积累了很多人脉关系。因此，他即便还没有从美国斯坦福大学毕业，但也利用自己的人际关系做成了很多项目，在短短几年时间里，就创造出了父亲要花很长时间才积累出来的财富。

1998 年，李泽楷以推动香港创新科技发展为名，接下了当时仍是纸上谈兵的“数码港”计划。他与当时香港特别行政区特首董建华协商，免费获得了香港一块64英亩的土地，并取得香港信息技术园区“数码港”的独家开发权。虽然这个计划最后变成了房地产项目，但是，李泽楷仅仅通过协商谈判就在寸土寸金的香港免费获得了那么大面积的土地，至今仍令人难以相信。

好的人际关系也令李泽楷更容易获得不同的信息，从而把握了很多发展时机。他过去多次通过自己的人脉关系和消息网，行使手上的电盈认股权，卖出套现等，获利颇丰。

1993年，他将星空卫视以9.5亿美元转让给传媒大王默多克，这个价格比他两年前的投资额要高出7倍多；1994年，他争取到机会，让自己的公司“盈科亚洲拓展”在新加坡借壳上市；1999年，他购买了空壳上市公司“得信佳”，通过协商取得该公司的控制权，后将其改名为“盈科数码动力”，主营高科技业务，并成功借壳上市，市值达到600亿港元；2000年，他靠出售“盈科数码动力”的股票筹集了整整10亿美元，并取得了130亿美元的贷款，以杠杆式的手法，入主当时的蓝筹股香港电讯等。

特朗普和李泽楷的成功都是因为他们懂得如何利用自己的人际

关系，抓住机会把不同人的利益结合在一起促成合作，以达到自己的目的，从中积累财富。

洽道者的主要特征

作为适合走洽道的人（洽道者），他们性格外向，平易近人，善于聆听和沟通。他们会主动关心他人、照顾他人的感受，并常与身边的人联系，建立和维持一份长久的关系。洽道者又富有娱乐性，是朋友圈子中的开心果，常给大家带来欢乐。他们面对陌生人时能主动打开话题，而且为人圆滑、友善又富有亲和力，所以人缘十分好。

洽道者拥有良好的沟通和谈判技巧，所以，无论他们走到哪儿，都能够与身边的人保持良好的关系。他们依靠围绕在自己周围的关系网络去创造价值，因此他们乐于帮助不同的人彼此牵线，又对机会比较敏感，喜欢跟人洽谈合作。

洽道者擅长的是落地执行，他们的价值在于不同事物之间的接连中。由于对周遭事物有良好的触觉，洽道者总能很快地对身边的机会做出反应。洽道者通过抓住时机来创造价值，而不是创新，所以他们能在交易中发挥最大的优势。洽道者可能只需要做一单大交易，就可以从中赚取丰厚的佣金。

洽道者的天赋是与人洽谈沟通，所以你不要让团队里的洽道者去做财务报表，而应该让他们尽情地跟朋友联谊，与他人协商、谈判，从中发掘商机。他们获得的信息越多，他们就能提供越多的价值。简单地说，洽道者就是最好的交易促成者，他们总能从每段关系中找出合作的可能性来。如果你有好的产品需要介绍给其他人，找洽道者准没错！

洽道者会调整自己以适应周围的环境，所以他们是灵活善变的，他们的态度和举止会根据谈判对手的不同而转变。他们又是最好的和平使者，总能让所有人都感觉良好。但是，你不要企图让洽道者去给陌生人打电话，做电话营销，因为那不是他们所擅长的。你要做的就是让他们出去交际，让他们在朋友中发掘商机。

洽道者是团队里最好的“润滑油”，当团队成员发生矛盾或者争吵的时候，他们总能让大家都冷静下来。当其他人可能会为了一单交易而牺牲与他人良好关系的时候，洽道者反而会为了与他人建立良好关系而牺牲一些交易。

洽道者学会“轻松智富”后能迅速地在市场上找到自己的定位，

并且促成最佳合作，从中取得自己应得的报酬。

洽道者成功的元素

洽道者要做的就是与他人进行多样化的沟通，保持良好的人际关系，他们也乐于此道。洽道者最擅长与人沟通，也能在双方愉快的洽谈中找到清晰的行动方向以及制订行动步骤。发挥自己的“道”的长处，显然更能成事。所以说，洽道者在沟通、交流中能够提出共赢的合作方案，使合作双方都拿到满意的结果。

洽道者最擅长的工作

正因为洽道者拥有良好的沟通能力，可以及时感知到他人的心理变化，所以，他们在团队中适合担任以服务他人为中心的领导。

洽道者善于协商和谈判，他们适合担任采购资源或材料的岗位。跟别人一对一交谈、面对面沟通是洽道者最自在的事，与这方面相关的工作，如人力资源管理、矛盾调解员等角色，他们都会做得很妥当。

洽道者又很适合担任维护人际关系、跟生意伙伴协商谈判、市场营销、维护和平、解决冲突和外交等方面的角色。

智富的关键：洽谈、联系

认识“正确”的人，并且在“合适”的时候，把不同的人和项目联系在一起，通过自己的谈判技巧促成合作，并从中获取佣金或者股份作为报酬，就是洽道者智富的关键。最成功的洽道者，是出色的社交之星，总是懂得在恰当的时机把正确的人联系到一起！

成功的洽道者如唐纳德·特朗普、鲁伯特·默多克、孙正义、李泽楷，他们全部都处世圆滑，促成了很多大交易！

智富学生的实战成功案例

智富爸爸有一个学生叫迪基，原本是个中层管理人员。他在知道自己是“洽道者”之前，不太肯定自己最擅长什么，于是，他将八条“智富之道”几乎都尝试了一遍，结果反而分散了自己的精力和时间，令他忙上加忙！

在知道自己适合走“洽道”之后，迪基发现自己的天赋原来是与他人交际，以及把不同的人撮合到一起促成新的合作机会。这令他恍然大悟，因为他在十多年前，就曾无意中发挥了洽道者的天赋，而那次偶然的发挥也为他换来了一份年薪百万但工时却很短的“绝世好工作”！

十多年前，迪基偶然得知自己的好朋友原先生在生意上需要一位可靠的供货商，他认识的人多，便打算帮帮这位老朋友。于是，他翻开了已经记满联系方式的电话簿，从中找出了一家德国供货商。这家供货商正好符合原先生的条件，于是，迪基便做了一个顺水人情，帮他们互相引荐。在他的撮合下，原先生与这家德国供货商谈成了合作，建立了一家新机构，而这家机构也随着原先生的企业在香港上市而越做越大。

一个成功的洽道者，懂得运用自己的人际关系和谈判技巧将不同的人联系到一个项目上，并从中获取佣金或者股份作为报酬。

可惜当时的迪基，并不知道自己是一个洽道者，更不知道洽道者成功的关键，所以，他虽然在无意间运用了自己的天赋，却没能将其视为一份“正经”的工作，也就没有从这个生意机会中得到半点报酬。

直到迪基了解了“智富八道”后，他才发现原来自己在十多年前就错过了一个极好的成功机会！

在之后的十年时间里，迪基仍然过着忙碌的生活，但是皇天不负有心人，他又得到了一个机会。

几年前，原先生创办的那家机构已经发展成了一家大公司，而且正好缺少一位高层管理人员。这时，原先生突然想起了自己当年曾受到过迪基的恩惠，也发现他是这个岗位最合适的人选，于是他邀请迪基加入，条件也由迪基来定！

现在，迪基负责管理这家公司在亚太地区设立的总部，获得百万年薪的同时也有了更多空闲时间去陪伴自己的家人，发展自己的生意。不过回过头来看，如果迪基当年就明白自己的智富之道，以他的洽谈能力，不就可以做到“一家便宜，三家得利”了吗？

从中，我们可以看出洽道者要想取得成功，必须要提前考虑一个问题：你有没有谈好交易条件？

迪基的故事还没有讲完。

在认识了“智富八道”之后，迪基深刻地明白，原来只要走对了属于自己的智富之道，成功是很轻松的，自己之前做得那么辛苦还赚不到很多钱，正是因为什么都做、什么都试，没能发挥出自己独特的价值！

所以，在之后的时间里，他都专注在洽道者应做的事情上：吃喝玩乐、认识朋友，也在不知不觉中创造出了很多合作机会！其中一个生意，就是与几位朋友一起建立的一个商业网络引荐平台：HBN（Happy Hour Business Networking），让商界人士边品尝红酒边谈生意，整合不同的资源。

很多商界人士都喜欢参加“早餐会”，每年交一笔不菲的入会费，然后每星期抽一天出来，在大清早去这个商务引荐平台，一边吃早餐，一边跟各界人士交换名片。

什么是商务引荐？简单地讲，就是互相介绍生意和业务。为了不影响正常上班，聚会时间通常会很早，所以又叫“早餐会”。迪基也曾参加过这个活动，不过天未亮便要起床，对于上班人士来说有点累，所以他决定自己另创一个商务引荐平台，把时间定在下班后的黄昏到晚上的这段时间，让人可以一边喝红酒、吃美食，一边介绍生意，而最重要的是，品酒、美食、交友，都是他的兴趣所在，也是洽道者做起来最轻松的事。

他给这个平台取名为“红酒会”，又叫作 HBN（Happy Hour

Business Networking）。他想，反正自己擅长做这些事，何不一边满足兴趣，一边将其变成赚钱的生意？这样做既不会觉得辛苦，又会做得开心！

迪基的“红酒会”招满人后，就开始办分会了。他运用洽道者能看到双方利弊的敏感触觉，在 HBN 中加入了一套独特的机制，去鼓励和促进会员之间的商务引荐。比如为了避免冲突，他规定在一个分会之中，每个会员都代表了一个产业，而同样的产业只能有一个，所以他的“红酒会”只有合作，没有竞争，而且会员的归属感也很高。除此之外，他还在每个分会中都挑选出一个能干的会员去做发起人或召集人，从而大大减少自己的工作量。

现在，迪基每天所做的事情就是将一大班商界人士组织在一起，让他们边品尝红酒边谈生意，整合不同的资源，以便能产生互利共赢的协同效应。

现在，HBN 已在 3 年内开了 6 个分会，招徕了 150 多个可以互相引荐生意的会员，并计划在未来发展更多会员。能将 HBN 做到这样的成绩，正是因为他充分发挥了洽道者的天赋！

在吃喝玩乐、认识朋友之际，难得的机会又来了！有一次，他“结识”了一家法国的演艺学校——波维尔艺术学校，并从中看到了青少年演艺教育的商机，想将这家演艺学校引进香港。

当然，现在的迪基知道谈条件的重要性。谈好条件后，迪基很快就将波维尔艺术学校引入了香港。而这项生意也做得很成功，他们帮助一些青少年在六日之内，学会并在舞台上成功演出了一部长达一个小时的音乐剧。有了这次成功的经验后，迪基便懂得如何推广这门教育生意了。

这个项目，迪基是花了很多时间去完成的吗？并没有。负责具体经营的是法国的演艺学校，而他只是做了一个中间人，充分发挥自己洽道者的天赋，将人和机会相“撮合”，就分享到了成果！

现在，迪基已年届五十，不但工作轻松，还可以随时放下他那份百万年薪的工作，去追随自己的梦想，为社会做更多有贡献的事！

洽道者需要注意的地方

在所有的智富之道中，洽道者最需要依靠自己身边的关系。宣道者能够通过维持自己高高在上的姿态，引发崇拜效应；而洽道者正好相反，他们需要跟身边的人和事物紧密接触，所以他们总是在与他人洽谈和协商，通过促成他人的合作来体现自己的价值。

洽道者是天生的社交之星，但也很注重个人隐私，比较倾向于一对一的沟通方式。因为洽道者需要在与人沟通中创造价值，所以千万别指望他们可以独自一人专心地完成一个项目，也不要期待他们会在一次会议中提出什么不同的意见，他们只有在与团队的密切沟通中，才能发挥最大的领导才能。

洽道者与人相处时最轻松，也容易被周围的人所激励，所以需要有人为他们提供清晰的方向以及步骤，并需要经常的、多样化的沟通。成功的洽道者往往会通过团结他人来获得成功。

洽道者需要倾听各方面的声音，所以沟通对他们来讲是必不可少的。比如日本首富孙正义，他将美国最大的网络公司引进日本，既为美国公司创造了利润，也为日本的顾客创造了价值。当买卖双方都可以获利时，交易就自然而然地达成了。

一个成功的洽道者不会去试图改变他的周遭环境，与此相反，他会改变自己，去适应身边的环境。不管是好莱坞的戴维·格芬，还是地产大亨唐纳德·特朗普，每一个出色的洽道者都是通过在一个特定的行业里做出最好的交易来让自己成功的。成功的洽道者有戴维·格芬、唐纳德·特朗普、孙正义、亨利·克拉维斯和鲁伯特·默多克等。

对于一个洽道者来讲，沟通也意味着有些话不能说出口。正如唐纳德·特朗普所说，促成一单交易是一门艺术，而不是一门科学。在关键的时候，你说的内容还有你表达的方式，都会影响事情的结果：如果你说错话，可能会失去一单一百万的生意；而如果有时候你不吱声，却能创造一百万的价值。

未提升自己的洽道者容易有的缺点

不过未得到提升的洽道者也有一些弱项，比如他们比较缺乏系统的思考方式，容易失去自制力，也很容易被他人所影响，经常怕得罪人而变得优柔寡断，有时也会因为太快答应别人的请求，而忙于帮助别人，却忘记了自己的事。

洽道者如果没有清晰的发展方向，也很容易会迷失自我或者走上歪路，因为不清楚自己的定位而感到无所适从。

而且，与他人的关系也需要辨别好坏。如果洽道者花太多时间和精力在“贫友”身上，而不是发展高素质的“富友”网络，无论谈判技巧多高超，也不能从中发掘出好的商机。

洽道者会觉得吃力的工作

当了解到洽道者的弱项后，你便知道：洽道者不适合去做关于系统规划、测量、创造新想法或新计划等事项，也不太适合做公共演讲。除此之外，洽道者也不适合担任如财务会计、制度制订、发明、项目领导、产品设计、细节报告等需要创新或非常注重细节和刻板的工作。

如果洽道者在团队中担任以下职位，可能会觉得吃力：

系统策划者、数据测量者、公共演讲家、产品设计者、制度制定者等。

洽道者如何“轻松智富”

几乎所有的运动明星、电影明星和摇滚明星都有一个经纪团队在为他们工作。所以，洽道者达到“轻松智富”的方式是成为一个经纪人，推销一个强大的品牌或产品。

洽道者很喜欢给别人提建议，当他们把焦点放在别人身上时状态最好。当得到一个项目时，洽道者会很兴奋，因为这样一来他们就能够代表团队激情洋溢地去寻找外部支持和资源了。

成功的洽道者会专注于为团队寻找资源和支持，然后把日常的营运事务交给其他团队成员去跟进。

洽道者如何在信息时代应用“智富八道”

在科技快速发展的信息时代，洽道者可以利用最新的沟通渠道和社交工具（例如微信、微博、直播平台等），让自己与朋友联系起来更方便，或结识新的朋友！

执道者

- ○ 那些成为亿万富翁的成功执道者
- ○ 执道者的主要特征
- ○ 执道者成功的元素
- ○ 执道者最擅长的工作
- ○ 智富的关键：重复执行，掌握时机
- ○ 智富学生的实战成功案例
- ○ 执道者需要注意的地方
- ○ 未提升自己的执道者容易有的缺点
- ○ 执道者会觉得吃力的工作
- ○ 执道者如何“轻松智富”
- ○ 执道者如何在信息时代应用“智富八道”

那些成为亿万富翁的成功执道者

成功的执道者可以通过找到自己所热爱的事情，积累经验以掌握窍门，培养出自己在某个领域的才能。“金融杀手”乔治·索罗斯和“商品大王”吉姆·罗杰斯就是成功的执道者，他们都在投资方面培养出了自己的才能。

索罗斯是一位货币投机家和股票投资者，他在索罗斯基金管理公司和开放社会研究所担任主席，一生都在用投机资金在金融市场上翻江倒海，拿走了许多国家的财富。

1949 年，索罗斯考入伦敦经济学院，之后进入金融业，从事黄金等商品和股票的套利活动。之后他又迁居美国，在纽约做交易员，负责买卖股票。一开始，索罗斯在一家美国证券贸易做分析员，主要从事国外证券分析。由于他会讲多种欧洲语言，包括法语、德语，逐渐在欧洲形成了自己的交易网络。1973 年，他和罗杰斯共同创立了索罗斯基金管理公司，也就是我们后来所知道的“量子基金”。

索罗斯着迷于这个工作，每天不断的买卖交易也帮他累积不少经验，尤其是在利用市场差价赚钱方面。他做过很多成功的交易，其中最经典的是 1992 年狙击英镑行动，仅是这次交易，他个人净赚 6.5 亿美元，从而荣登《金融世界》杂志所评选的华尔街收入排名榜榜首（这个纪录一直保持至今），甚至还被当时的《经济学人》杂志称为“打垮了英格兰银行的人”。

执道者很有耐心，并且愿意执行重复性的任务。索罗斯多年的经验不仅让他掌握了技巧，更让他能准确察觉到交易买卖的好时机。比如在 1997 年，他狙击泰铢及港元，引发了亚洲的金融风暴；在 2012 年，他又做空了日元，至少赚了 10 亿美元。他的投资佳绩令不少国家的央行闻风丧胆。

索罗斯的拍档吉姆·罗杰斯也是一名成功的执道者，他被誉为最富有远见的国际投资家，也是美国证券界最成功的实践家之一。他在早年就选择了投资管理行业，在 1970 年和索罗斯共同创建“量子基金”后，让“量子基金”连续十年的年均收益率都超过了 50%。但是在 1980 年，年仅 37 岁的罗杰斯退出了“量子基金”，开创了自己的投资事业。过去的经验培养出了罗杰斯独特的投资眼光和捕捉买卖时机的才能，使他在各种商品期货的投资中都有佳绩，也让他得到了“商品大王”的称号。

罗杰斯喜欢投资买卖，也喜欢旅游，他曾多次环游世界，还曾骑摩托车环游100多个国家。于是，他把投资活动与旅游结合起来。这种边玩乐边投资的方式不仅使他的个人生活更丰富多彩，也为他做出投资决定准备了有价值的第一手数据，让他在多次国际投资活动中稳操胜券。

比如在1984年，奥地利的股市暴跌到1961年的一半，而罗杰斯却从中看到了商机，在他人还没留意时就大量购买了奥地利企业的股票、债券。一年时间，奥地利的股市起死回生，暴涨145%，为他带来了大量财富，也让他获得“奥地利股市之父”的称号；在1987年，罗杰斯预见了美国股市即将暴跌，并适时卖空股票，结果到了同年10月19日，美国股市果然崩盘，他的卖空操作又成功了；在1988年，他又准确地预见了日本股市的跌势，开始大量卖空日本股票，规避了风险。罗杰斯凭借着长期积累的经验，准确掌握投资时机，为自己带来了巨大的财富。

执道者依靠自己，通过重复操作自己所热衷的事情，掌握某个领域的技巧，从而获得成功。

执道者的主要特征

作为适合走执道的人（执道者），他们善于观察和权衡，有时间观念，而且处事稳重。

执道者比较擅长执行日常的运作，因为他们需要在日常的运作中持续地获取反馈信息，以便自己能及时做出改进。他们能够日复一日地做着同一份工作，什么都喜欢亲力亲为，并通过重复的操作，掌握一门技艺的个中秘密。执道者主见比较少，因此更能观察和理解身边的环境，所以他们的观察力强，看事情比较全面，善于一步步做决定，也善于在危难关头带领团队。

执道者很少与人发生冲突，他们愿意花时间与人沟通，能够维持长期、和谐、良好的关系。有他们的存在，团队很容易变得和谐。执道者为人公正，一直以来都很容易取得别人的信任。他们又善于用平和的心境及态度去建立人脉关系，创造共赢的局面。

执道者相当务实，他们的时间观念很强，能够准时完成项目，或按照日程表一步一步地执行任务。

执道者可以在小组工作中表现很好，但却经常在他人面前说不出话，因为他们并不是很享受别人的关注，并且常会将功劳让给他人。

执道者喜欢通过行动来学习和体会，他们通过亲力亲为和现场观察来学习，其中面对面交流是执道者最佳的学习模式。

执道者需要时间去与别人进行沟通，通常他们会用调查结果和例子来支持自己说的话。他们比较喜欢实用性的信息，对天马行空的想法并不太感兴趣。

当被给予一张白纸去凭空创作的时候，执道者通常都会不知所措；但如果给他们一个具体的问题，他们马上就能找到相应的解决方案。所以当执道者在市场和团队之间寻找到了连接点之后，就会发挥出自己最大的价值。当这种联系被打断时，他们就会花大量时间重新找回这个连接点和节奏。

执道者成功的元素

执道者务实的个性使他们凡事都喜欢亲力亲为，喜欢在过程中发现问题，然后将问题一个一个地解决。执道者在具体的方案面前会显得更有把握，对他们来说，最省力的事情就是配合团队愿景去落实具体的工作，如果按照操作步骤逐步执行，他们一定会出色地完成任务。

执道者最擅长的工作

执道者善于权衡、观察，他们的情商高，习惯冷静思考，懂得以同理心去对待别人。他们也是出色的谈判专家，因为他们每时每刻都在寻求平衡点，能从纷争中抽离出来，观察全局。

许多成功的执道者可以在市场买卖中发挥他们独特的才能。因为他们主见比较少，所以能比一般人更贴近市场。执道者一旦发挥出自己强大的市场感知能力，就能做到低买高卖，所以执道者适合做投机贸易。

执道者是最好的市场交易员和市场调查员。他们的主见少，更能放下主观愿望，实实在在地融入和感受市场。他们会在街市上讨价还价，也会在房产行业里分毫必争，无论是买东西还是卖东西，他们都能争取到最佳的价格。

就像冲浪一样，他们能够耐心等待最佳的浪头到来，然后乘风破浪。当面对“顺流而行”或“逆流而上”的选择时，执道者宁愿跟从趋势。

乔治·索罗斯就是成功的执道者的代表。他说过：“我会很仔细地观察、思考潮流趋势，然后让它成为我最好的朋友。”

执道者在团队里是最注重和谐与公平的，他们非常善于倾听他人的想法，也会主动关心他人、照顾他人的感受。正因为他们有耐心跟人沟通，所以在团队中很容易赢取别人的欢心。因此，执道者在团队中很适合充当协调矛盾、维持公正的角色，如裁判员、客户服务员等，因为他们总是能从不同的角度来看待事物。

执道者与创道者的时间观念刚好相反，他们对时间有着天生敏锐的感觉。他们心思细密，经常能够察觉到别人没有注意到的东西，因此他们也很适合担任活动督导或其他注重时间和活动过程的领导岗位。

执道者对于项目管理也很在行，他们能够在繁复的事情中抓住重点，分清主次顺序，能让团队成员准时准点干活儿，确保大家都能及时完成任务，所以他们也是绝佳的项目经理或项目进度监控者。

成功的执道者总是在观察他们身边的环境，然后再通过做出符合情境的行为给他人提供价值。他们最好的工作方式就是手把手做事，或者和市场保持同步。

总而言之，执道者很适合客户服务、应急服务、市场交易、市场调研、人力资源、矛盾协调、时间或进度监控等方面的工作。

执道者学会“轻松智富”后，可以根据自己的兴趣，选择以下几个方向：

市场买卖，通过找到最佳的交易时机来投资赚钱。

与他人讨价还价，以便取得最好的成交价格。

炒股票，炒房地产，或者从事贸易活动。

执道者也可以是成功的项目经理、客户服务员、采购经理。

智富的关键：重复执行，掌握时机

执道者首先要找到自己所热衷的事情，然后通过重复的执行，掌握行业的发展趋势，把握成交的最佳价格和时机！

跟创道者一样，执道者也有内向和外向之分。内向的执道者最擅长数据分析和做研究报告，他们只需要坐在计算机前就能把所有的事情都搞定；而外向的执道者则需要和人打交道，并且通过身边的人来感知合适的交易时机，然后采取行动。

执道者愿意每天都重复做同一件事，一旦他们找到了自己感兴趣的领域，就会毫不介意地重复做十年以上的时间。倘若一个执道者对某种投资工具感兴趣，凭借其耐性以及对市场的敏锐触觉，假以时日肯定会成为专家。

出色的执道者会懂得在不同的日常交易中获利。他们通过重复日常的交易来获取经验，并且通过不断练习来提升交易的成功率，从而让自己的获利越来越多。所以，与通过一单大生意赚钱的洽道者不同，执道者会通过做很多交易来获取利益。

成功的执道者，如乔治·索罗斯、吉姆·罗杰斯、彼得·林奇、约翰·邓普顿，他们都是在交易市场里低买高卖，获取大量的财富！

智富学生的实际成功案例

智富爸爸的新加坡学生埃尔瑟，是一个经营了20年窗帘布生意的老板。她最大的烦恼就是每天都非常忙碌，一方面要照顾老客户，另一方面又要不断去找新客户。仿佛不忙碌便不自在，总要找很多事情去填满自己的时间，因为她很担心一旦闲下来便没有了客户，生意便会减少。这正是大多数执道者的通病，因为他们从自己的实践中学习，所以总要通过不断做事情来让自己感觉充实，一旦做事情便觉得不安心。

在知道了自己的智富之道后，她终于明白自己的焦点应该放在哪里了！她发觉，正因为自己是一个执道者，所以能和很多客户保持多年的良好关系，但她却“误入歧途”，不管什么样的客户都去照顾，还为拉拢新客户而奔波，所以每天忙得不可开交。

于是她做出了一个改变。

她知道自己比较慢热，与可以很快跟人打成一片的宣道者、励道者和洽道者不同，她在不断寻找新客户上明显比较吃力。那么为什么不多花时间去经营与老客户的关系，让老客户带来新客户，而要自己费力去找新客户呢？

于是埃尔瑟开始刻意减少忙碌的时间，将更多的焦点放在售后服务和与客户的沟通上。她先将自己的老客户分类，优先去服务那些订单额较大、光顾较频繁、更可能引来新客户的老客户。

结果还没做几个月，就有一个多年从埃尔瑟那里购买窗帘产品的客户，觉得埃尔瑟的服务水平提高了很多，便给她介绍了一家当地医院的卫生部门主管。因为医院对卫生的要求相当高，窗帘更换频繁，而且还有其他布料的需求，所以这位主管也成了她的大客户，而且仅这一项业务，就让她的业绩大幅提升。

执道者需要注意的地方

与天马行空的创道者正好相反，务实的执道者通常都很注重身边的细节和小事，他们较少关注宏观的计划。所以务实、落地是执道者在日常生活中的优势，但有些时候也会成为他们的劣势，因为他们不看宏观事物，也很少做出长远的行动计划。

由于执道者需要跟身边的事物同步，所以通常他们的行动计划都会根据每天的实际情况做出改变，而不是做一个三年计划之后就一直执行。他们会根据身边人的感受、想法和需求来及时调整自己的行动。

执道者在日常运作方面比较擅长，因为他们需要在日常的运作中持续地获取反馈信息，以便做出及时的改进。所有成功的执道者都是在市场中发挥领导才能，这跟创道者正好相反，因为创道者通常都是赶在市场之前发挥自己的创造力。

执道者，像洽道者一样，在小组里面表现最佳，但却经常在他人面前说不出话。他们不是很享受别人的关注，也不喜欢成为众人的焦点，并且习惯将功劳让给他人。这意味着他们通常会为团队找一个发言人，然后为发言人准备所需的一切信息。

执道者需要时间去与别人沟通，通常他们会用调查结果和例子来支持自己说的话，因为他们比较喜欢有价值的信息，对天马行空的想法并不太感兴趣。

未提升自己的执道者容易有的缺点

不过未得到提升的执道者也有一些弱项。执道者很喜欢脚踏实地地做事，但却经常会迷失方向或找不到清晰的目标。他们也比较缺乏创意，所以当他们要给团队指引方向或从一片空白中创作新产品时，通常会以失败告终。他们需要从别人那里获得清晰的工作指示，否则就会经常因为没有主见而随波逐流。

他们也会安于现状，危机感不足。当他们面对新的方向时，会比别人需要更多的信息来让自己适应。对于大多数事情，他们都要亲眼见到才能相信，但也因为过分注重细节而看不到宏观的未来。他们通常没有把工作委派给别人的意识，所以总会因为承担大量的工作而过于疲劳，又往往因为埋头工作，不会表现自己，而得不到应得的认同，导致自己缺乏自信。

执道者会觉得吃力的工作

当了解到执道者的弱项后，你便知道：他们不擅长做公共演讲、创造新的想法或计划、创意设计等方面的工作，或者从事系统规划与调整等方面的工作。

如果执道者在团队中担任以下职位，可能会觉得吃力：

公共演讲家、商业策略规划者、宏观蓝图制订者、产品开发设计者等。

执道者如何“轻松智富”

在医疗保健行业里，很多护理人员都是执道者，因为执道者喜欢关怀他人，又能在有压力的情况下高效地工作。在医院的急救室里，每个人都需要在紧急的时刻做出正确的事情，这是执道者最擅长的。所以执道者轻松智富的方法就是让团队在规定的时间内高效工作，以得到最好的结果。成功的执道者会注重日常工作的细节，并通过重复执行发现可改善的地方。他们并不会要求自己一定要创造出新的产品，因为这完全不是执道者的天赋！

内向的执道者可以做个市场分析员，通过大量的数据研究得出市场的变化趋势，从中发现低价买入和高价卖出的机会。

外向的执道者可以做个议价高手，他们会在日常生活中保持良好的人际关系，然后在合适的时机通过讨价还价来取得最好的交易。通常一个外向的执道者会从事进出口或房地产买卖等交易频繁的行业。

执道者适合与创道者合作，可以在创道者制订完宏观的策略后，按照计划一步步地执行。执道者也可以弥补创道者不善于与人沟通和性格百变的缺点，成为创道者团队中不可缺少的实干人员。

执道者如何在信息时代应用“智富八道”

在科技快速发展的信息时代，执道者可以利用最新的搜索工具或电子网络，及时获取所需的价格数据和产品信息，从而更快速地对市场变化做出反应，从中获利！

守道者

- ○ 那些成为亿万富翁的成功守道者
- ○ 守道者的主要特征
- ○ 守道者成功的元素
- ○ 守道者最擅长的工作
- ○ 智富的关键：守株待兔，累积资产
- ○ 智富学生的实战成功案例
- ○ 守道者需要注意的地方
- ○ 未提升自己的守道者容易有的缺点
- ○ 守道者会觉得吃力的工作
- ○ 守道者如何“轻松智富”
- ○ 守道者如何在信息时代应用“智富八道”

那些成为亿万富翁的成功守道者

巴菲特和李嘉诚都是因为走对了守道这条路而成功的。

守道者们不需要自己去创业，他们往往通过发掘具有升值潜力的资产（不管是股票、房地产、土地还是其他）而获利。他们对时机的把握很敏锐，能够以较好的价位买下资产，并耐心等待资产升值，积累巨额财富。巴菲特和李嘉诚都是通过长期持有可增值的资产而成功的。

巴菲特很早就知道自己的兴趣是在投资方面，他从 11 岁在父亲那里接触了证券交易后，就一直醉心研究并从事股票投资的相关工作。

守道者是十分谨慎、有耐性的，他们能够守株待兔，在市场上“尸横遍野”时捡到“便宜货”，从而让自己的身家翻几番。

巴菲特会长期留意具有持久性竞争力的优质企业，在好的时机买下部分股份，甚至买下整家企业。

1964 年，美国运通因丑闻而股价大跌，由 65 美元跌到 35 美元，在整个市场都不看好这家公司的情况下，巴菲特一口气投资了 1300 万美元。事实证明了巴菲特的判断准确，在两年后，美国运通的股价涨了近 3 倍。

之后，巴菲特又在多个股市周期里持续增加运通股票的持有量，现在已成为美国运通的最大股东。2009 年爆发金融危机，巴菲特在整个市场悲观不已的时候，掏出了 50 亿美元买入高盛的股份，跻身高盛十大股东之一。除了美国运通和高盛之外，可口可乐、琼森、富国银行等优质的大企业也是巴菲特旗下的大额控股公司。

不难发现，巴菲特持有的完全控股公司或大额控股公司大多都是在不同行业中称霸的企业，但是他买入的一般都是传统产业而不是高科技类的企业，这和守道者保守、善于管理风险有关。

李嘉诚是无人不知的香港首富，他从 1950 年开始经营塑料厂生意，一直到现在积累起巨额财富，正是因为他应用了守道者的方法。

守道者善于把握时机，发掘并积累可以长期增值的资产。一开始，李嘉诚只是打算自己买下厂房以对抗每年上涨的租金，但就是在这样的情况下，他看到了房地产行业的发展前景。当时很多人都没有留意到香港房地产的价值，而他却发现了香港房地产的物业价格并没有如实反应它的价值，所以从 1958 年开始，他就不断买入不同的地产，累积财富。

在李嘉诚建立长江实业以后，他的土地储备的价值已上涨了 20

倍。其后，他又通过持续收购或者合并其他行业中具有发展潜力的公司，让自己拥有更多的优质资产。

20 世纪 70 年代末，他收购了出现财政困难的和记黄埔，而这一次的收购就足以让他富可敌国了。80 年代，他在怡置系出现财政困难时，收购了其名下香港电灯公司的股权，并把鸭脷洲发电厂重建为香港岛大型屋苑“海怡半岛”。在同一时期，他还收购了加拿大赫斯基能源石油公司的股权。

李嘉诚的财富正是通过准确分析，等待时机，再用好的价钱买下具有升值潜力的优质资产，然后耐心等待资产升值而积累起来的。

守道者的主要特征

作为适合走守道的人（守道者），他们是可靠、谨慎、深思熟虑、缜密的人，会把事情管理得井井有条，能及时完成任务，又善于检错，可以为团队提供坚实的基础。

他们善于听取多方面的意见，会主动关心他人和照顾他人的感受，因此常能维系团队的和谐。他们通常都很保守和实在，不会夸夸其谈，因此身边的人都认为他们非常值得信赖。

守道者不会匆忙做决定，很少会因为冲动而行动。他们做任何一个决定前都需要得到高度的确定性，任何的不确定性都会让他们却步。他们会做很多的风险管理，来确保万无一失，而且宁可一成不变，也不会冒险，因此他们很少创业。为了应对可能出现的风险，守道者通常会做好两手（甚至多手）准备，就像巴菲特在年报中所说的那样："诺亚并不是等下雨了才开始建造方舟。"

谨慎和保守是守道者的两大特性。如果用足球比赛来打比方，宣道者将会是一个前锋，而守道者则会是可靠的守门员。由于守道者谨慎，所以有耐心等待最合适的时机再采取行动，即使股市出现泡沫也不为所动，因此，他们往往能避免经济损失。当守道者学会轻松智富后，他们能耐心地等待机会，在大萧条或者股灾发生的时候，用极低的价钱买入优质资产而变得富有。

与大手大脚花钱的宣道者正好相反，守道者很节俭，非常善于储蓄，因为他们需要对未来的不确定性做好准备。守道者也能接受比较单调、规律的生活，他们并不喜欢多样性或者变化。

很多人不理解守道者，往往会误以为他们做事拖沓，但事实上，他们只是还没搜集到足够的信息来做一个明智的决定。守道者就像龟兔赛跑里的乌龟，起步较慢，但能够凭借不懈奋斗而超过别人，最终赢得比赛。

守道者成功的元素

守道者位于智富八道图的左下方，是八个道之中最安全可靠的一个，总是依靠着完整的系统、细小的步伐去成功。一个成熟的守道者会耐心地带领团队走在最佳的道路上。

通常，成功的守道者在团队里都很稳重。而一个成熟的守道者想要成功，就是要牢牢地守住规则。

他们习惯在稳定不变的环境中，在营销团队的支持下，安心地实施自己的计划。守道者往往是不懈奋斗、默默耕耘的那部分人，他们会充分分析自己的计划，做好一切准备工作，等待最好的时机到来。

守道者通常需要较长的时间来做好他们的准备工作，因为当他们做了一个正确的决定以及完成事先计划好的工作后，只要一切都按照计划执行，就可以轻松地等待成功的到来。

成功的守道者通常会投资一些不需要后期打理的资产。例如巴菲特投资一家公司后，从来不会干涉管理层的决定，他说："就像在伯克郡球队一样，我们并不会去教击球手应该如何挥手、击球。"

守道者最擅长的工作

正是因为守道者细心、善于检错的特质，所以他们在团队中非常适合担任把控计划进度、监督每个活动及确保细节落实等方面的职务。当需要在规定的时间及预算内完成一个项目时，守道者会是最好的项目管理者，也是团队中可靠的组织者。

守道者也很擅长研究细节，擅长从事与数据和报告打交道的工作，例如科学研究、信贷评估、风险管理或市场调查等。除此之外，与计算类相关或对精确度要求较高的岗位也符合他们的特质。

智富的关键：守株待兔，累积资产

守道者不需要很多人的帮助就能做成大事。他们只需等待最佳时机的到来，将黄金纳入自己的收藏中坐等升值，就能赢得过别人天天将黄金买入卖出所赚到的财富。因此，守道者智富的关键是通过充足的分析，等待经济大萧条或企业遇到危机时，以极低的价格买入或收购具有良好升值潜力的资产，然后耐心等待资产升值。最成功的守道者，他们富可敌国，却很少人知道!

成功的守道者如巴菲特和他的导师本杰明·格雷厄姆、旅行者集团总裁桑迪·威尔、微软的共同创办人保罗·艾伦、香港首富李嘉诚等，他们在每一次经济萧条或者股灾突发时都会不断累积财富，最后富可敌国!

智富学生的实战成功案例

智富爸爸的一个学生林女士，原本是香港一家家政公司的老板，而且一做便做了二十多年，业务也相当稳定，但是由于市场竞争太大，业务增长很不容易。

后来她做了“智富八道”测试，了解到自己是一个守道者，适合“守株待兔”。这敲醒了她做生意的头脑，于是，她马上在自己的生意上做了一个改变，使自己营收的利润在一年内提升了50%！

在香港做家政生意的企业有很多，但大部分的市场份额都被两三家龙头企业所把持着，如德成雇佣中心、海外雇佣中心等。所以其他中小型公司的生意很难做，他们只能赚点微利，甚至有时候都赚不到钱。林女士的公司就属于中型企业，与龙头企业竞争起来难度很大。

那么如何把生意做得更大呢？在她了解到自己是守道者之后，就明白自己最容易创富的方法就是等其他人经营不善或破产时用极低的价钱去收购，巴菲特、李嘉诚就是这样创富的。她在行业内已经立足了二十多年，也认识不少同行。于是，她就去跟一些做得很辛苦，甚至快支撑不下去的小型雇佣中心谈合作，将其变成自己旗下的分公司。

这是一个双赢的办法，对于林女士自己来说，等于免费多了家分店，扩大了自己的品牌效应；对于那些小公司来说，这也是个无法抗拒的诱惑。因为他们的规模太小，难以在议价中取得优势，经常会发愁客源少和成本过高，所以当一家拥有完善的客户网络和供应链、又享有成本优势的公司来邀请他们加盟时，他们自然不会拒绝。

利用这个策略，林女士在短时间内“吞并”了很多家小型雇佣公司，通过协同效应，让自己的生意壮大了很多。按照这个发展态势，在不久的将来她一定能够跟那几家龙头公司鼎足而立。

守道者需要注意的地方

守道者不是一个好的创业者，就连李嘉诚或者巴菲特，也是通过投资来拥有企业，但很少自己亲自参与日常运作。所以，对于守道者来讲，最好的方法是等到合适的时候，用极低的价格买入有升值潜力的资产，从而实现财务自由。

如果守道者选择打工，可以凭借自己的分析能力和对时间的精准把握，成为一个好的项目经理。而且这种能力可以使他们即便在自己不感兴趣的领域里，也能够通过不懈努力而做到管理层。

尽管如此，办公室政治也会经常困扰守道者，因为他们对此毫无兴趣，也不知如何应对。所以，对于守道者来讲，最好的方式就是由自己来组建团队，因为这样他们就能按照自己的标准来挑选最可靠的合作伙伴。

守道者在独处时才能达到自己的最佳状态，当周围有太多干扰时，他们就很难专心做事。他们不喜欢出错，也不喜欢给出一个错误的答案，所以当你向他们反馈时，他们会更喜欢你把建议一条一条列出来，然后花很多时间来对你的问题做出反应。对于守道者来讲，最好的沟通方式就是列出来，然后一个一个地弄清楚。

未提升自己的守道者容易有的缺点

不过，未得到提升的守道者也有一些弱项。守道者需要有高度的确定性，因此有时会变得优柔寡断，因为缺乏信息而迟迟做不了决定；有时又会过度追求细节，容易被细节所误导，看不到大局。而且守道者倾向于保守，经常会悲观多于乐观，对事情过于担忧。

他们总是非常谨慎，往往在所有资料搜集完后才开始行动，有时也会错失一些机会，就像足球比赛中的守门员，虽然担任防守要职，却也因此失去了冲锋陷阵的机会。

守道者很需要确定性，在多变的环境中会无所适从，甚至会逃避混乱的工作，有时还会杞人忧天。守道者非常重视风险，但有时会因为过于想逃避风险或者等待太久而错失了机会。

当团队中出现争吵的时候，守道者会不自觉地选择逃离或躲避，但是当他们提升了自己之后，就能发挥善于听取多方观点的优势，站在中间的角度协调各方意见，维护团队和谐。

守道者会觉得吃力的工作

当了解到守道者的弱项后，你便知道：守道者不适合担任需要调解矛盾、文案创意或设计、与人打交道等对应变能力要求高的岗位。也不适合做需要社交能力、协商能力、富有策略性的领导，以及公共演讲师等。

如果守道者在团队中担任以下职位，可能会觉得吃力：

市场营销员、公共演讲家、创新设计者、策略制订者等。

守道者如何“轻松智富”

守道者喜欢默默地在幕后工作，就算做出了成绩，也宁愿别人把他的功绩记录下来，而不是大肆宣传。在团队合作中，守道者通常是团队的主心骨，所有人都会向他们索取可靠的、客观的建议。因此，守道者达到“轻松智富”的关键是要有一个安全稳定的环境，让所有事都按部就班地进行。

守道者在没做好准备时，是没法表达自己、发挥天赋的。所以一个成功的守道者会远离身边的政治和人事方面的烦扰，让自己可以安静地做事，有条不紊地执行既定的计划。

在财富累积方面，守道者可以在充分分析后等待时机，在大多数人都因亏损而贱卖资产的时候，以极低的价格买入优质资产，继而通过这些资产的升值而致富，所以基本面良好的优质股票或房地产都是守道者的投资首选。

守道者如何在信息时代应用“智富八道”

在科技快速发展的信息时代，守道者可以充分利用最新的搜索工具或电子通信网络，更加便捷地获取自己需要的数据和信息，大大减少做出决策前的准备时间！

掌道者

- ○ 那些成为亿万富翁的成功掌道者
- ○ 掌道者的主要特征
- ○ 掌道者成功的元素
- ○ 掌道者最擅长的工作
- ○ 智富的关键：掌控流量
- ○ 智富学生的实战成功案例
- ○ 掌道者需要注意的地方
- ○ 未提升自己的掌道者容易有的缺点
- ○ 掌道者会觉得吃力的工作
- ○ 掌道者如何“轻松智富”
- ○ 掌道者如何在信息时代应用“智富八道”

那些成为亿万富翁的成功掌道者

掌道者位于智富八道图的左边。他们性格比较内向，但是分析力较强。成功的掌道者不易被发现，更不易出名，通常都是在掌控整个行业之后才为人所知。就像 20 世纪 90 年代的卡内基和 21 世纪初的米塔尔，他们都是花多年时间静悄悄地建立起自己的钢铁帝国后才出名的掌道者。

但是，通常在制造现金流的地方（不管是房产出租业，还是出租汽车业）都有掌道者的足迹，因为他们很容易成为一个行业中（不论是钻石、石油还是信息）的现金流集中者。在各种行业中（包括石油、钢铁、房地产等），不少掌道者都已成为亿万富翁。

石油大王约翰·洛克菲勒就是一位成功的掌道者。1870 年他创立了标准石油，曾在全盛期垄断了全美 90% 的石油市场，并成为美国历史上的第一位亿万富豪与全球首富。

掌道者做事很有原则，分析能力强，不会随便浪费金钱或资源。在人人都希望通过挖油井致富的时候，洛克菲勒并没有盲目跟风，他搜集数据进行分析后得出了以下结论：开挖油井所需器材多，资金也庞大，如果不能准确判断地下有石油就会赔钱；而石油一定要经过提炼才能使用，所以他判断出真正能赚到钱的是炼油，而非钻油，于是进入了石油提炼行业。

掌道者擅长控制成本，洛克菲勒经营炼油公司的成本，只是其他炼油公司的一半而已。几年后，原油暴跌，许多钻油商和炼油商都出现财政问题，而他却因为对成本的有效控制避免了危机，并趁机在短短六个礼拜的时间内收购了 22 家炼油公司。凭借这份天赋，他用短短九年时间就控制了全美 90% 的炼油产业，而因此形成的规模效应，也让他在向钻油业者与铁路业者讨价还价时拥有更多优势。

掌道者甚至不需要拥有资产，只需要掌控流量、垄断市场就可以致富。

1877 年，洛克菲勒意识到石油运输是整个供应链中最昂贵的一环，所以他开始收购并建造输油管道，并计划将石油的运输方式由铁路变成油管。

十几年后，洛克菲勒通过垄断输油管道控制了全美所有石油的运输，几乎掌控了整个美国的石油流量。之后，洛克菲勒更是进一步地控制了全美 85% 与石油相关的行业，从钻油、炼油、配油，到内需、出口、副产品加工等方面都有所涉及，甚至全世界 70% 的石油工业环节都在标准石油的控制中。

不过，他也因为几乎垄断了整个美国的石油市场，而备受各界的舆论指责。1911 年，政府以违反竞争法为由将洛克菲勒的公司分拆为 34 家企业，就连现今世界上总市值最大的石油公司艾克森美孚也只是当时 34 家公司中的一家而已。由此可以想到洛克菲勒当时的公司是有多么庞大了。

同样的例子还有谷歌的创办人拉里·佩奇和谢尔盖·布林。

掌道者善于计算和分析，拉里·佩奇和谢尔盖·布林在开发了网页排名的搜索引擎后创立了谷歌公司。而那个网页排名是一个十分精准的引擎，在当时就可以搜寻和归纳出不少信息。现在，谷歌的主域名 google.com 已是全世界浏览量最多的站点。

在互联网时代，许多高科技公司不断膨胀，投入资金搞研发。但是谷歌却与此相反，他们并没有投入大量资金搞科研，反而保存实力，在互联网热潮爆发后，通过分析和评估，陆续收购了很多优质小企业，从而垄断了很多互联网服务项目。比如相片整理与编辑软件 Picasa、3D 视角的 GPS 定位软件 Earth Viewer，以及在线视频分享网站 YouTube 等。

除了一系列的收购动作外，谷歌也陆续研发出其他可以在市场上占据垄断地位的互联网产品，如谷歌电子地图、免费的网页浏览器 Chrome 等，这些产品和服务使谷歌几乎垄断了互联网的信息流和预览流。掌控了网络世界的流量，这样自然可以获得广告收益，可以说，谷歌公司九成以上的营收都来自广告投放，每年都可以获得上百亿的收入。

掌道者的主要特征

作为适合走掌道的人（掌道者），他们做事谨慎、注重细节和数据，思维清晰、说话有条理，且具有很强的分析和梳理能力，倾向于简单清晰的做事方式，善于把复杂的事物精简化。他们的见解往往独到精辟，能分析出可能出现的各种情况，察觉到别人忽略的事情。

在掌道者的世界里，黑白分明，一就是一，二就是二。他们非常注重承诺与诚信，自己答应过的事情，会全力以赴地完成。掌道者对于品牌或者个人的忠诚度也相当高。他们非常尊重规则和制度，做事很有原则，对人对己都要求很严格，如果他人违背承诺，掌道者就会不再信任他。

掌道者是天生的分析员，在研究细节及分析数据时，最能发挥所长。他们非常喜欢阅读文字和数字，对于数据的精确度也有很高的要求。当你需要解决数字或统计方面的问题时，可以将工作分派给掌道者，他们总能胜任与数据相关的工作。

掌道者注重细节，又以节俭著称，很擅长控制成本，不会浪费金钱或资源。其中一位成功的掌道者洛克菲勒，就曾经这样反思自己的人生："故意浪费会造成过度的渴望！"

掌道者也不太喜欢烦琐的事情，他们喜欢从事精确度高的工作，讨厌承担风险。当掌道者还未发现自己的价值时，他们一般都发现不了自己天生的分析能力，然而对风险的管理和对事情的精确掌控正是他们的最大优势。只要项目一开始运作，掌道者就会尽一切努力确保事情顺利进行。在每家大银行或每宗大生意的背后，往往都有一个掌道者在盯着。

掌道者学会轻松智富后，可以迅速地掌控能够持续创造流量的资产，然后逐步占领整个行业，直到取得垄断地位。

掌道者成功的元素

掌道者在自己掌控的独立环境中，工作效率会成倍提升，也就是说他们需要一个没有其他人和事打扰的、独立专注的环境。他们需要的是，一切事情都按照自己预期的计划进行，所以掌道者身边要有一个出色的营销和客户管理团队来帮他们处理其他事务，能够让他们专心致志地做自己的事。

掌道者最擅长的工作

正因为掌道者分析能力强，因此在团队中很适合从事与数据、测量相关的工作。掌道者也可以担任风险管理掌控者、司库、数据管理者、分析员等与数据和报告打交道的角色，以及分析、审计、校样、测量等对精确度要求较高的工作。

智富的关键：掌控流量

掌道者需要掌控能够持续创造流量的资产，这并不是说要拥有这些资产，而是通过其他方式把流量持续不断地引到这些资产上面，比如优步、爱彼迎或谷歌，他们并不拥有车辆、房地产或互联网，但却掌控了信息流，也掌控了现金流。最成功的掌道者，无须拥有资产，却可通过掌控流量，垄断市场！

成功的掌道者如钢铁大王安德鲁·卡内基、石油大亨洛克菲勒、谷歌创始人拉里·佩奇，他们全部都是通过掌控流量（钢铁运输、石油管道、信息流量等），垄断行业！

智富学生的实战成功案例

2009年，智富爸爸在刚开始设计课程时，在新加坡认识了一位叫薇薇安的同学。当时她对有关个人成长的培训事业很感兴趣，还打算设计课程然后开课教人。但是当她做完“智富八道”的测试后发现，自己的天赋并不是创道，而是掌道，擅于掌控和管理渠道和流程。她明白了即使自己比身为创道者的智富爸爸多花几倍的时间和努力设计出了一两个课程，也不一定像他一样做得那么出色。

相反，薇薇安在活动管理方面可以做到尽善尽美，于是她便与智富爸爸合作，双方强强联手。智富爸爸负责设计课程然后教授，她则负责幕后筹备、制作、推广，以及改善流程。结果他们在新加坡开办了不少成功的课程，创出了一番事业。

智富爸爸的另一个学生彼得，是一位中医师。他最苦恼的事是自己的工时很长，每天都要看病，一旦停下来休息就会没有收入。当他知道自己是一位掌道者后，才明白掌控流量是自己最擅长的事情，于是，他做了一个改变。

他对中药药材的药性和进货价格非常熟悉，于是他便想到中医馆必须要自己亲自坐镇，但是药材铺却不用，只要掌控了供应价格和客流量，不就可以经营好药材铺吗？彼得想通了这一点后，就在香港和内地陆续开了很多家药材铺，通过对药材进货价格的严格掌控，现在他每个月都能从这些商铺中得到一笔可观的收入。

掌道者需要注意的地方

一个成功的掌道者会严格按照系统规定去执行计划，并且通过对成本和流量的掌控创造财富。掌道者控制成本的方法是在不影响产品质量的前提下，简化流程和减少人手。就像 20 世纪 60 年代的日本汽车行业一样，就是通过简化流程降低成本，从而使价廉质优的汽车产品热销至全世界。

在行业不景气，或者市场竞争白热化、产品无法取得差异化优势时，企业往往会发起价格战。这时，就是掌道者最能发挥天赋优势的时候，他们可以通过对成本的精确控制，以及对项目流程和人手的精简化，来提高企业的效能以保持竞争优势，战胜对手，熬过行业的寒冬。

安德鲁·卡内基、保罗·盖帝、约翰· 洛克菲勒，以及近些年的拉克希米·米塔尔和谢尔盖·布林，都是通过发挥掌道者的扩展性及高效能的优势，最终让自己成为市场上的霸主。

掌道者善于发现系统中不够完善的地方，通过数据分析或工作报告，用精简的方法与人沟通。因为他们通常很注重细节，所以在财务管理、资产运作以及人事管理方面都有很高的效率。

掌道者比较尊重规则和制度，不会因为他人而改变原则，所以要小心处理好他们在团队中扮演的角色，以便让他们发挥出最大的优势协助团队取得成功。

掌道者通常是第一个把事情记下来并且愿意看文字记录的人。让掌道者最无所适从的事情，就是给他们一个大的蓝图或者是让他们快速地做出反应，因为他们通常需要时间来反思沟通的内容，并做出很多修改，直到他们对想要表达的内容感到满意为止。

成功的掌道者不愿意在聚光灯下表演，更喜欢用实际数据来表达。高效能的团队懂得欣赏掌道者对项目细节的管理，所以会给掌道者发挥天赋的空间。所以，当团队需要处理数字方面的工作时，掌道者是理想的帮忙人选。

未提升自己的掌道者容易有的缺点

不过，未得到提升的掌道者也有一些弱项。比如因为习惯将每件事都掌握在手中，掌道者很容易有过强的控制欲，有时也会因为过分担心细节而导致看不清大局。而且很多掌道者也容易因为过分关注数据和细节，从而忽略了人际关系方面的维护。因此，团队不仅要突显掌道者的独有价值，也要避免他们可能因为较差的人际关系而被赶出团队。

掌道者喜欢掌控一切，往往在得到准确的信息或者思路清晰后才开始行动。他们非常注重细节，并需要数据加以肯定，所以从事创意和设计方面的工作会较吃力。虽然掌道者对数字很敏感，但对人则不然，他们说话较为直接，喜欢开门见山，所以在遇到需要社交、协商等以人为主方面的工作时，不像励道者或洽道者那样可以面面俱到。

掌道者会觉得吃力的工作

当了解到掌道者的弱项后，你便知道：掌道者不适合担任创意设计或文案、社交、协商以及人事方面的领导。他们在管理团队、激励他人、市场营销、舞台表演、公共演讲等方面也不擅长。

如果掌道者在团队中担任以下职位，可能会觉得吃力：

创新产品设计者、公关人员、公共演说家、客户服务经理、市场营销员等。

掌道者如何“轻松智富”

成功的掌道者比较喜欢稳定的环境以及做一些有固定程序的事情，因为这样他们就能够用事实验证自己之前的猜想，一步步预测接下来会发生的事，这会给他们一种“一切尽在掌控中”的成就感。所以掌道者“轻松智富”的第一步就是要拥有清晰的制度，然后协助团队按部就班地执行计划，从而得到想要的结果。

掌道者会固执地想把所有事情都做好，也希望团队能按部就班地完成任务。这意味着他们会是团队中最好的记分员，并且在收到关于如何改进的清晰反馈之后，成长得最快。

成功的掌道者会有意识地控制流量，让系统准时准点地为他们工作。而任何能够产生现金流的资产都有可能成为掌道者的生财工具，他们只要通过分析，清楚其中的运作原理，就能让资产源源不断地创造现金流。

掌道者如何在信息时代应用“智富八道”

在科技快速发展的信息时代，掌道者可以更加便捷地获取数据，并借助最新的科技手段来进行分析。大数据的出现和发展更是让掌道者找到了深入分析数据、掌控规律的办法！另外，公司的 ERP（企业资源规划）系统也能帮助掌道者更好地管理公司的流程和人员。

完道者

- ○ 那些成为亿万富翁的成功完道者
- ○ 完道者的主要特征
- ○ 完道者成功的要素
- ○ 完道者最擅长的工作
- ○ 智富的关键：完善系统，简化复制
- ○ 智富学生的实战成功案例
- ○ 完道者需要注意的地方
- ○ 未提升自己的完道者容易有的缺点
- ○ 完道者会觉得吃力的工作
- ○ 完道者如何“轻松智富”
- ○ 完道者如何在信息时代应用“智富八道”

那些成为亿万富翁的成功完道者

家得宝的董事长兼联合创始人伯纳德·马库斯回忆起与沃尔玛的创始人山姆·沃尔顿（完道者）共进午餐的情景时说：“我跳进山姆的红色卡车，里面没有空调，只有单调的咖啡色座位。到达餐厅后，我的衬衫全都被汗水浸湿，这就是山姆·沃尔顿，没有架子，没有浮华。”

大家可以从中看出，这位成功的完道者，为人颇为低调。

成功的完道者可以把公司的系统完善，然后复制到全世界。所以成功的完道者都有一个明显的特征——他们大多数人都在为跨国的连锁企业工作。

宜家家居的创办人英格瓦·坎普拉就是其中一个例子。在他创立宜家家居之后的几十年时间里，都在不断改良和优化宜家的运营模式和产品设计，将其尽可能地系统化，然后复制到世界各地。

1943 年，坎普拉 17 岁，他创立了宜家，但是一开始他并没有卖家具，而是卖一些价格低廉的日用品，如铅笔、皮夹、相框等。1947 年，他在积累了一定的零售经验和收集到相关数据后，才开始售卖利润较高的家具。

刚开始销售家具时，坎普拉都是在家里通过邮寄来贩卖商品。但是经营一段时间之后，他发现自己送货的效益并不高，而且他发现从厂商那里采购的家具存在设计缺陷，所以他从 1955 年开始设计自己的家具。在 1963 年，他改变了商品的售卖流程，在邻镇艾尔姆胡尔特市开了第一家实体店面，这家店面有别于其他家具店，也成为日后其他宜家家居连锁店的样板。

在整个生意模式和商品设计上，坎普拉都发挥了完道者的特质，在经营的过程中不断地改良、优化，甚至进一步将其系统化。

比如，与其他家具店贩卖的已组装好的现成家具不同，宜家的家具大多被设计成简单套件，可以让消费者自行组装，所以它们的体积远比已组装好的家具小，在包装、储存、运送和组装的成本上都比较低。这样既降低了产品的价格，又便于让消费者一次性购买更多的家具。

在店面的设计上，几乎所有的宜家店都采用了同一种风格。店面的内部设计通常都是一条强制单行的路线，消费者几乎要穿过整个卖场的所有区域才能到达收银台，而且要先通过各类家具样品的展示区与家庭用品区才能到达仓库。除此之外，他们还增设了餐厅，专门供应地道的瑞典食物。这样的设计既可以增加消费者在店面逗留的时间，也能让他们接触到自己原本没打算购买的商品，从而获得更多的销量。

经过长时间的调试和完善，确定了系统流程的稳定性和可行性后，坎普拉就开始大规模地复制宜家的店面和商品，在很短的时间内就扩张到了世界各地。目前，宜家已在全世界的 43 个国家中拥有超过 350 家大型门店，也成为全球最大的家具零售企业。

另一个例子是打造了麦当劳王国的雷·克洛克。

克洛克的前半辈子可以说过得有些坎坷。他曾在多个行业谋生，做过纸杯推销员、钢琴演奏员等，生活并不富裕，最后他做了在全国销售的综合奶昔机推销员，而这一份工作让他认识了莫里斯·麦当劳和理查德·麦当劳这对兄弟，那时他已是 52 岁的高龄。

克洛克发现当时规模还很小的麦当劳餐厅的生意非常好，一般的店面最多买一两台奶昔搅拌器，而他们要用八台。

完道者的本能让他很快就观察到这家餐厅的潜能，他相信，只要自己能改善现有流程模式上的缺陷，就可以让这家餐厅拥有更大规模的生意。于是，他买下了麦当劳餐厅的特许经营权。

克洛克曾经说过："麦当劳这一与众不同的经营方式，是在麦当劳不断发展完善的过程中逐步产生的。"

与当时其他的快餐餐厅不同，克洛克经营下的麦当劳餐厅，其厨房就像工厂一样效率化，除此之外他还减少了菜单上菜品的选择，把餐盘换成免洗餐具等，这些机械化和简单化的措施大大减少了所需要的员工数量。

其后，麦当劳餐厅的经营模式也从快餐业延伸到了房地产业，他建立了房地产公司，收购土地出租给特许经营商，所以长久的租约也为麦当劳餐厅带来额外的稳定收益。克洛克通过自己的经营和改良，完善了整个经营系统和生意模式，制订出标准化的作业流程，然后将其用特许经营的模式复制出去。这种方式让麦当劳在很短时间内就扩展到全美国，乃至全世界。经营 5 年后，麦当劳就在美国开了近 1000 家店，到了 1984 年已在全世界拥有 8000 家店。如今，麦当劳在全球 119 个国家已拥有超过 33500 家店。

完道者其实并不需要自己从头开始做生意，就像克洛克一样，可以购买现成的业务，并将它不断完善，利用特许经营的方式扩展到全世界。

完道者的主要特征

作为一个适合走完道的人（完道者），他们是完美主义者，无法停止寻找方法去把事情做得更好。

成功的完道者亨利·福特有一句名言：“所有事都可以比现在做得更好。”他们非常注重流程和步骤，这让他们用尽一切方法去把事情做得更好。

创道者最能从头开始，而完道者则最能完成事情，非常擅长完成任务和项目。他们会将所有事务安排妥当，并将过程整合，从中寻找到聪明的方法来让事情可以像机械系统一样有条不紊地运作。相对于喜欢社交的治道者，他们更偏向于自己做自己的事。

完道者喜欢从宏观角度思考，且注重细节，因此擅长在系统中找出不足之处，以及寻找方法来完善现有系统，或把事情化繁为简，令系统或流程更具效率。他们喜欢把东西拆解和修补，并用新的、更好的方法将其重新整合起来，让事情或项目运行得更加流畅。

完道者有宏观的洞察力，容易看到项目或事情中的漏洞。完道者又非常痴迷于改良、完善自己的系统，对于他们来说，没有更好的产品，只有更好的系统。

完道者可能会大器晚成，他们成功的要素就是寻找方法改善、优化现有的系统或项目。所以，不要要求完道者从头开始创造，最好让他们去改进现有的流程或产品。完道者学会“轻松智富”后能迅速地完善自己的系统，然后将其疯狂地复制到全世界。

完道者成功的要素

完道者也是属于善“钻研”的那一类人，完道者始终在专心致力于寻找方法来改善项目，通过系统测试和数据分析来完善系统，所以环境对他们来说也是至关重要，成功的完道者需要一个安静专注的环境，避免自己受到各种人和事的影响。

完道者最擅长的工作

完道者观察力强，留意细节，非常适合解决难题，往往能做出聪明的改进。他们适合担任系统设计、优化流程及数据收集和检视等方面的工作，如运营策略制订者、系统设计者、数据分析员。他们也擅长用流程图和思维导图与队友沟通，可以胜任以任务为中心的领导角色，如宏观蓝图制订者，带领团队高效地完成任务。

智富的关键：完善系统、简化复制

在改进和完善系统的过程中，完道者需要大量的经验和数据来分析什么是可行的，什么是不可行的。所以，完道者通常需要一段较长的时间来调试和完善系统，一旦他们将系统做到完美，就会疯狂地复制到全世界！

最成功的完道者，他们将系统自动化、简单化，然后进行复制！

成功的完道者如福特汽车创始人亨利·福特、麦当劳创始人雷·克洛克、沃尔玛创始人山姆·沃尔顿、戴尔计算机创始人迈克尔·戴尔，他们全部都是不断完善系统，然后将其疯狂地复制到全世界！

智富学生的实战成功案例

智富爸爸有一个学生叫金君浩，他原本是一个工程技术员，但做了智富八道测试后却发现自己是完道者。从那以后，他对自己的发展方向便有了更清晰的认识，开始将焦点放在完善流程和系统上，而这个改变让他的收入马上就有了大幅度提升！

过去，他接到工作指令后便马上埋头苦干，但是他后来意识到，要将完道者的天赋发挥在工作上，才能“轻松智富”。

他决定做出一个改变，思考如何可以将工序简化，让自己可以用最短时间去完成工作。结果，这一个细微改变，不仅提高了他的概率，也大大减少了他的出错机会。老板见到他的工作表现有了明显改善后，还提高了他的薪水！

有了这一个改变后，他知道自己的长处就在于完善系统和流程，于是更加主动地去思考如何将工作变得更为系统化，并改变了一些工序的传统做法，结果工作起来更加便捷和顺畅。他也将这些技巧传授给了与他共事的团队成员，结果超乎想象，竟然让整个工程都加快完成了。老板看到他的功劳后，又给他提了一次薪水！

他发现节省工序后不仅可以加快工程进度，还有很多不必要的成本也可以省去，于是跟老板提出他的改善方案，而他的想法，让很多工程的成本减少了 50% 甚至 50% 以上。老板见他创造的价值越来越大，也越来越重视他，居然在一年内给他提薪了五次！而他的工作时间却减少了！

后来金君浩还是决定离职创业，但是他的老板发现公司之中没有一个人能创造他那样的价值，便一次又一次地挽留他，最后还主动提出，只要他留下，条件可以任他开！

完道者要注意的地方

完道者位于智富八道图的右上角。他们通常隐藏在连锁经营业务和连锁型生意的背后，并将所有创造性的焦点都放在系统运作，如制造、分销和物流等方面，而非放在产品创新上。

完道者拥有的创意聚焦在系统模式上，他们能静静地在背后修补、拆解和重新整合已经存在的东西。他们所建立的系统往往能长久运转。他们也是完美主义者，不管他们提供的是产品还是服务，是汽车、汉堡还是互联网搜索，都会继续寻找方法来改善自己的系统或过程，使之变得更简单和更有效。

因为他们更善于完善已有的东西，而不是从头开始去创造一些新的东西，所以完道者有能力从创道者手上接管成熟的生意，并且将其系统化为可以在全世界复制的跨国连锁企业。

他们善于处理客观存在的数据和细节，但是对于复杂变化的人际关系往往会手足无措。成功的完道者能克服自己想要参与一切的渴望，集中所有的注意力在优化生意模式上，而让其他人处理修饰和包装方面的问题。当他们把管人的工作移交给别人去做，只专注于如何让工作流程变得更加高效时，他们就能“轻松智富”。毕竟对于他们来说，改进过程比改进一个人更容易。

完道者喜欢把东西都拆开再重新组合。他们是那种会不断提出改善意见的人，所以他们的做事方式就是不断挑战现状。这对某些人来说会很有启发性，但也会有一些人可能因此感到不舒服。

当完道者有充足的准备时间去展示新的、有趣的信息时，与他们的沟通会非常有效。不过要注意的是，把完道者放在台上并不是展现他们能力的最好方式，反而用一问一答的方式，能让完道者更好地将自己做的调查解释得更加清晰和深入。

未提升自己的完道者容易有的缺点

不过，未提升的完道者也有一些弱项。比如他们会因为要求完美而担心出错，看不清全局时往往不会采取行动，所以会花费大量的时间和精力从零开始做起，有时会导致进步缓慢。

虽然他们行事非常有条理，但有时会缺乏灵活性，不愿改变，而过分专注于细节，也会令他们花费较长的时间才能完成系统上的优化，或者因为注重内部改善而忽略市场的变动。

在人际关系混乱或不和谐的情况下，他们会感到不舒服，但他们对人的情绪不太敏感，通常会因为过分注重系统而忽视了人的作用。

完道者会觉得吃力的工作

当了解到完道者的弱项后，你便知道：由于在社交方面的不太敏感，完道者不宜担任需要长期与人联系、交谈的角色，如演讲者、谈判员、客户服务员、市场营销员等。由于做事追求完美，他们也不太适合接管初创企业的项目。

如果完道者在团队中担任以下职位，可能会觉得吃力：

公关人员、公共演说家、市场营销员、客户服务经理等。

完道者如何“轻松智富”

成功的完道者通常善于把混乱局面变得秩序化和系统化。他们的满足感来自出色地完成工作，因此完道者“轻松智富”的第一步，是从现有的系统中找出可以改善的地方，然后慢慢完善、优化系统，再将系统复制出去。

成功的完道者会专注于系统的优化，让团队中的其他人根据系统按部就班地完成日常事务。另外，完道者也需要与众多加盟商合作，在他们的帮助下，把完善后的系统复制、推广出去。

完道者如何在信息时代应用“智富八道”

在科技快速发展的信息时代，完道者可以充分利用最新的搜索工具和电子通信网络来帮助他们获取大量信息，并利用便捷的软件（例如 CAD 软件或 ERP 软件）来设计、改善系统！

“智富八道”的创富解码

要跟随精通你的“智富之道”的师父。

我需要再强调一点，找师父不能随便去找，不要看某个人成功便去跟他拜师学艺。找师父，必须要找一个懂你的师父。他要有能力了解你正处于哪个阶段，使用哪种做事方式最得心应手，你现在最需要什么，以及你下一个阶段需要什么。

为什么要找一个懂你的“智富之道”的师父？因为他的成功之道不一定适合你。如果他不懂你，而将自己的成功方式套在你身上，你不仅会学得辛苦，而且也很难做出成绩。

从 2008 年创办智富学院至今，我已经累计帮助超过一万人在短时间内做出成绩。为什么我的学生都能做出成绩？原因是我用了“智富八道”去了解他们到底适合走什么样的道路，之后才按照每个人的不同需求来设计方案。

所以如果你现在真的很想成功，光看这本书是不够的，最好去找一个自己成功过，而且又了解你的“智富之道”的师父，近距离跟他学习吧！

Part 2

我们终将被这个时代颠覆

我们终将被这个时代颠覆

“中产”将被洪流淹没

昨天的成功方法变成明天的失败原因

大部分人将变成穷人

我们终将被这个时代颠覆

我曾经任职于麦肯锡和柯尼，做咨询顾问，帮助过不少上市公司和国际大企业。那段时期的工作经历让我了解了世界的发展趋势，从中看到了最前沿的变化，也见证着社会的转变。

在2000至2004年期间，我创办的公司的主营业务是电子商贸（纺织交易网）和企业的ERP系统（迅时国际），因此见证了香港工业生产的北移和电子商贸的崛起。鉴于此，我可以肯定，未来有五个发展趋势，将会令全世界的经济转型加快，彻底改变企业的商业模式和个人的工作模式，对每一个人、每一个企业都会产生“危”与“机”，这将与你有切身的关系！

一、信息革命颠覆传统商业模式

20 世纪 90 年代，互联网的出现把我们从工业革命时代带入了信息时代，颠覆了许多传统行业。而智能手机的出现，使互联网更普及（许多不会用计算机的人今天都会通过智能手机上网），这又让全世界进入移动商贸的时代。实时通讯软件（如微信）和社交平台（如脸书）的普及也带来了很大的商机，因为这使得广告成本降低，今天已不需要单靠电视台、报纸杂志卖广告，通过社交媒体就能将品牌和价值传递出去。

实际上，这给传统的大企业带来很大的冲击，让他们开始失去竞争优势。以前的大企业，其资金与规模占有绝对竞争优势，很容易便做到垄断市场。

大型企业从产品生产到市场推广、零售批发，都是一条龙，例如IBM的产品原本小到一颗螺丝都是由自己生产。但是到了信息时代，形势就改变了。一个公司的架构越大，部门越多，效率便相对越低，判断信息流的速度越慢，也越容易被小公司超越。

传统行业中的大企业的光环在信息社会慢慢消失，赚钱越来越难，做股东的会开心吗？公司赚钱难了，首当其冲受损的必然是员工，因为公司要裁员。余下的员工的工作量大了，他们会开心吗？汇丰、渣打等大银行就是例子，他们曾经是许多人心仪的雇主，可在今天却举步维艰；诺基亚曾经雄霸移动电话市场，不过短短几年就消失了；中国移动曾经垄断国内短信市场，结果今天大家都用微信传递信息，中国移动风光不再！

这就解释了为什么今天在大企业中工作，你的工时会越来越长、工作量越来越繁重，不仅付出的努力跟收入不成正比，甚至总要担心被裁员！

二、“全球化”颠覆传统企业

在过去20年中，竞争已开始全球化。全球化代表着全世界竞争，全世界的生产自然会迁移到成本低廉的地方。中国在2001年加入世贸组织后，关税大大减低，变成了世界工厂。近年越南、老挝、缅甸等也因为提供更廉价的劳动力而发展起来，而中国却面临着产能过剩和经济转型的挑战。

在全球竞争的背景下，这是一个“斗价格”“斗低成本”的时代。如果没有自身的独特性和无可替代的价值，你将面临两个选择：要么是价格越来越低，要么是越来越容易被淘汰。

苹果公司和富士康就是最好的对照。

富士康是为苹果公司代工的企业。苹果公司的毛利率超过40%，仅在2016年第三季度，其营业利润就达到了85亿美元，占了全球智能手机总营业利润的91%。而富士康如此“艰辛努力”地生产，其边际利润却少于3%（过去3年，有2年赚钱，有1年亏钱，总数还是亏损的），为什么？

因为苹果公司创造的产品独一无二，对苹果粉丝来说是别无他选，而富士康却只能跟其他供货商比拼价格以挽留苹果公司这个大客户。

当然，企业有很多赚钱的因素，而其中一个因素是企业的DNA，它决定赚钱是靠“艰辛努力”，还是靠“轻松智富”。

苹果公司的创始人乔布斯注重创新，所以创造了独一无二、无可取代的价值；而富士康的基因却是中国社会标榜的艰辛努力的方式，所以夜以继日地生产加工，最终还是亏本。

大家可以看到，即使是国家或者企业，都无法抗拒信息时代和全球化竞争的大趋势，那么我们个人呢？

如果你今天抱怨工作辛苦、收入不理想，是时候看清楚原因了！

试着想象一下，如果你今天向老板辞职，三天之内就可以出现另一个人取代你的位置。这就代表你暂时还没有自身独特性和无可替代的价值，没法让老板非要你不可。这可以充分解释，为什么你今天工作辛苦，但收入却不理想。

如果你仍然没有危机意识，那我需要提醒你，在全球化激烈的竞争下，将来总会有一天出现愿意以更廉价的工资做你现在岗位的人，去取代你的位置。

三、“低息时代”颠覆传统金融

今天信息流通的速度较以前大幅跃进，以前的人需要等着看电视新闻报道，或等第二天阅读报纸才能得知信息，即使要买卖股票，也要等下班或有空时才能行进行交易。

现在可不同了，全世界投资者都可以在同一时间看到同一则新闻、读到同一则消息、获取同样的信息，然后拿出手机便可以下单买卖，因此全球的市场“情绪”同步起落，这让金融市场更加波动，股灾出现次数更频繁。再加上现在全球量化宽松，全世界都进入超长的低利率的时代（有些国家更是负利率）。在20年前的“高息年代”，打工族只要做好分内工作，将省下的钱做定期存款，靠着利息增长，若干年后也会有可观的回报来支撑退休后的生活。

但在“低息年代”，普通的存款基本是没有利息的（在负利率国家存款更要付利息），如果不投资，便会出现通胀；如果不懂得投资，情况就更糟糕，因为在信息时代市场更为波动，每一次股灾来临，都会让很多投资者输光自己的财产。但遗憾的是，香港有家传媒机构曾做过调查，原来每十个散户之中，有九个都是亏钱的。所以今时今日，如果不懂得投资，即使高收入的专业人士也很难退休无忧。

四、“产能过剩”颠覆制造业

过去的“低息时代”可以令很多大型央企，甚至中小企业老板受惠，因为融资成本低，有利于他们开拓业务和增加投资，他们可以获得可观的资金，这又会促使他们再投资。

不过以往这些企业往往投资在生产方面，在投资过度、需求不足的情况下，形成了很大的产能过剩问题。

中国最严峻的九大产能过剩行业包括：钢铁、煤炭、平板玻璃、水泥、电解铝、船舶、光伏、风电和石化产业。除了这九大行业外，还有不少行业也陷入供过于求的困局，如塑料、制衣等制造业。

随着中国的生产成本上涨，生产工厂开始转移到成本较低的越南、缅甸等国，甚至非洲国家。在全球竞争加剧的情况下，中国的产品价格难以上升，这让中国的生产制造业，在未来几年将陷入困境，这是中国的企业老板不可忽视的燃眉问题！

五、人工智能将颠覆整个世界

现在科技发展的速度可以用“一日千里”来形容。据美国硅谷的预测，在未来的 5 至 10 年，医疗保健、自驾汽车、教育、服务业都将面临被淘汰的危机，以下是硅谷预测在人工智能技术影响下的未来 10 年的发展趋势：

1. 优步是一家软件公司，它并没有拥有汽车，却能够在你需要乘坐汽车时“随叫随到”，现在，它已是全球最大的租车公司了，出租车司机在未来可有可无。

2. 爱彼赢也是一家软件公司，它没有任何旅馆，但它的软件能够让你住进世界各地正在出租的房间，现在，它可以用来出租的房间已经是全球最多的了。酒店业在未来将有可能逐渐被淘汰。

3. 2017年5月，谷歌的计算机打败了最厉害的韩国围棋高手，这台由谷歌开发出的人工智能计算机，利用“能够自己学习”的软件，提前10年达到了专家原先预期的成就。

4. 在美国，使用 IBM 的沃森计算机软件，你能够在几秒内得到 90% 准确度的法律咨询服务，比起只有 70% 准确性的真人律师，既便捷又便宜。所以，如果你还有家人亲友在读大学的法律系，还是建议他们转专业吧，因为在未来，只需要现在的 10% 的专业律师就够了。

5. 沃森软件也已经能够帮病人查验癌症，而且比医生的诊断准确 4 倍。

6. “脸书”也有一套人工智能软件可以比人类更准确地鉴别 (辨识) 人脸。

7. 到了 2030 年，拥有人工智能技术的计算机会比世界上任何一个专家学者还要聪明。

8. 自 2017 年起，能够自动驾驶的汽车可以在公众场所使用。大约在 2020 年前后，整个汽车工业就会遭遇到全面性的改变，你不再需要拥有汽车，用手机就可以叫来自动驾驶的车，带你到你想去的目的地。

9. 在未来，你再也不必拥有车，花时间加油、停车、排队去考驾照或者交保险费。尤其是城市，将会很安静，走路很安全，因为90% 的汽车都不见了，以前的停车场，将会变成公园。

10. 现在，平均每 10 万公里就发生一次车祸，造成每年全球约有 120 万人死亡。以后由人工智能计算机控制的自动驾驶汽车，平均每 1000 万公里才有一次车祸，约能减少 100 万人死亡。因为保险费和需要保险的人极少，保险公司会面临更多的倒闭风险。

11. 大部分的传统汽车公司会面临倒闭。特斯拉、苹果、谷歌的革命性软件，将会用在每一部汽车上。据悉，大众汽车和奥迪汽车的工程师非常担心特斯拉具有变革性的电池和人工智能软件技术的广泛应用会改变他们的工作前景。

12. 房地产公司会遭遇极大的变化。因为你可以在远程工作，距离将不是挑选房屋的主要条件之一。市民会选择住在较远、较空旷且环境优美的乡村。

13. 电动汽车很安静，会在 2020 年变成主流。城市会变得很安静，而且空气干净。

14. 太阳能技术在过去 30 年也得到快速发展。去年，全球太阳能的增产超过石油的增产。预计，到 2025 年，太阳能的价格低廉到会使大量煤矿企业破产。

15. 保健业：在 2017 年医疗设备商会上展出的一台分析仪，通过手机就可以进行各种身体检验，用 54 个“生物指标”，就可诊断出你是否患有某种疾病，任何病症都可以检验出来。。

16. 立体打印：预计 10 年内，立体打印设备的价格会由近 20000 美元降到 400 美元，而速度会提高 100 倍。不用多久，你的手机就会有立体扫描的功能，你可以测量你的脚并定做“个性化”鞋子。

17. 产业机会：

a. 工作：20 年内，70%—80% 的工作岗位会消失，即使有很多新的工作机会，但是不足以弥补被智能机械所取代的原有工作。

b. 农业：将由机器人耕作，不必吃饭、不用住宅、不必支付薪水，只要有便宜的电池即可。发达国家的农夫，将变成机器人的使用者。

c. 到 2020 年，用你的手机就可以从对方的表情辨别出与你说话的人是不是说“假话”。政治人物 (如总统候选人) 若说假话，马上会被当场揭发。

d. 数字时代的钱，将是比特币 ，是智能计算机中的“数据”。

e. 教育：2020 年时，全球 70% 的人会有自己的手机，上网就可以接受教育，大部分的老师会被智能计算机取代。

“中产”将被洪流淹没

我观察到身边的朋友大多都没有察觉洪水正在淹没一个时代，没有察觉到他们会成为消失的“中产”（所谓的“小康”）。

几十年前的中产阶级，生活质量是很高的。以前的人努力读书，拥有高学历，就可以摆脱贫困。在香港，只要做到“四师”（医师、律师、会计师、工程师），便能跻身中产阶级，买车买房。

如果几十年前你已是中产人士，买到了几套房子，现在简单地依靠租金收入，也不用担心退休后的生活了。

不过时移势易，今天做中产的待遇已经大不如前。

社会发生了变化，人们的竞争压力比以前更大，中产人士的工作时间不仅比以前长，而且收入也追不上通胀的速度。早几年香港有一个医生打电话给电台，抱怨说他和做律师的太太的收入加在一起都买不起房子。几年过去了，房价又涨了，买房子似乎更是高不可攀的目标。除了赚钱困难，时间更不够用！每天的工作时间超长，陪伴家人或者高质量的私人时间甚为缺乏！

日本著名的经济评论家大前研一曾经提出“M 型社会”的概念，即社会上的穷人和富人会越来越多，而小康之家将会逐渐消失。

那么消失了的“中产”到底去了哪里？

大部分小康变成了穷人，当然也有小部分小康变成了富人。

昨天的成功方法变成明天的失败原因

到底问题出在哪里？根源在于传统的教育制度。

事实上，很多经过传统教育培训的人，大多数都是沿着跻身到中产阶级的轨迹去努力，因为在传统教育中，很多人的目标都是考高分、进大学、找好工作，跻身中产。

几十年前，如果你大学毕业，在香港基本上就已经高人一等了，不难找到高薪厚职。如果能有更高的学历（如硕士、博士），大公司更会主动向你招手，高薪聘用，待遇优厚。这时，基本生活已经可以满足了，如居住问题等。因此，“努力读书”加“艰辛努力”成了成功的方法，在许多人的意识中根深蒂固，一代传一代，沿用至今。

时至今日，其实这套方法已经过时了。为什么我会这样说？以前社会上大学生的数量不多，所以只要大学毕业，众多雇主就会抢着聘请，待遇自然优厚。

现在，随着教育普及，每年有大量的大学生毕业。同时，信息科技打破了地域限制。比如说，今天印度的工程师可以通过互联网为香港的公司写软件，抢走了不少软件开发工作；外国买家可以通过互联网直接找到中国厂商，跳过香港的洋行；连会计服务也有许多是内地接单，在内地做好后再邮寄到香港。

所以，许多以前待遇很高的工作已被全球的竞争者抢去了。大学生的数量增加，而职位需求却减少，经济学中简单的供求理论可以解释为什么在过去十几年中，许多中产越做越辛苦，却越赚越少。

更糟的是，“读好书”在传统教育里就是死记硬背，今天用一个手机便能立刻查到无数信息。“艰辛努力”也敌不过全球的竞争者和自动化机械。而今天的社会需要的“创新”“应变”“独特性”等，却是传统教育没有教甚至加以抹杀的东西！

很多人之所以不能退休，正是因为他们只懂得拼命努力工作，不善投资，在低息环境下没有好好地为自己的资本增值，追不上通胀速度。有些人即使仍然能在工作上赚得到钱，可是却忙得没有时间理财。

美国在过去的3次“量化宽松”政策中印了海量纸币，世界各国现在也在不断实施宽松政策，让“热钱”在全世界泛滥，也使得金融市场的波动更大。没有受过财商教育的打工族和老板们不断输钱，而这些钱流向了懂得金钱游戏的人手中，使他们越来越富有。若你没有受过好的财商教育，那每一次金融风暴的来临都有可能让你破产。

现实社会中有很多人即使有高学历，一样不懂得投资，因为在传统教育中，并没有“财商教育”，结果很多人盲目投资，最后亏损多，回报少，有些人更是不幸输掉毕生积蓄。学校也没有教人应该如何经营生意，结果很少有人去创业，而大部分创业的人都不能成功守业，最终以倒闭收场；学校更没有教人如何可以“轻松智富”，如何才能发挥自己的天赋，如何以更少的时间工作却能大幅提升收入。

即使我从1993年就开始学习投资，也有MBA的学历，但是1997年的金融风暴和2000年的互联网泡沫，都一度让我输光所有身家；即使有高学历，我创业也失败过五次，有一次创业曾成功到快要上市的地步，可是最后却被我亲手放弃。当我吸取失败的经验，不断钻研并得到了“智富八道”的启发后，在2003年至2007年的短短4年内，我凭着投资股票和房地产实现了财务自由。然后从2008年一直到现在，我的收入增加了1000倍!

其实传统的教育制度是工业时代的产物，目的是为了培训人才，使他们拥有足够的技能到工厂工作。在读书时触犯校规会被罚，久而久之人们便学会了遵守规则；考试答错试题会扣分，久而久之人们便不敢犯错。遵守规则、不敢犯错、服从上级命令的工人才是好工人，在工厂工作才不会有危险。

不过在今天的信息时代，你想要的知识、技能、经验，基本上可以通过互联网得知。每个人都随身携带智能手机，任何时候都可以搜寻到你想要的东西!

大部分人将变成穷人

我曾是 IT 公司的老板，从事电子商务。即使我从打工族变成了老板，也经常要做ERP项目。我每天绝大部分的精力都在为客户赶工，没有时间留意身边的科技发展，结果错过了新兴的移动商贸热潮。

错过最佳发展机会是老板们最大的不幸，这也是老板们普遍犯的毛病。他们每天只专注于日常工作，只看到自己从事的那一个行业，世界在变而自己却浑然不知，这就好像我们进入了隧道，只能看见前面狭窄的出路，所以我把这种通病叫作“隧道视野”，就像我在 IBM 做了不到 3 年的工程师，想换工作的时候，却发现科技的进步已经把我淘汰了。

很多曾经风靡全球的企业，只因一个“风暴”来临就被卷走了一切，这就是因为这些企业都是“隧道视野”，不知道外面发生了什么事。

十年前，诺基亚手机、黑莓手机曾称霸一时，当时没有人想过这些企业巨人会有倒下的一天，他们的“隧道视野”让他们从巅峰滑落，直到从人们的视线中消失。

在 1990 年到 2000 年之间，中国移动公司在全国的电信市场中可谓是一家独大，可是后来腾讯的崛起，完全改变了人们的通信方式，微信成功取代了手机短信和长途电话，击倒了中国移动这个企业巨人。中国移动曾推出过飞信，可惜只是以自己过去的“隧道视野”去了解市场和客户，即便比“微信”早四年面世，却还是被击打得体无完肤。

“隧道视野”让许多人错失了大量机会，特别是现在世界转变得越来越快：2000 年以前很多人以为做 IT 科技公司有前景，大量尖子生争读计算机专业，结果 2000 年互联网行业发生泡沫，很多 IT 公司倒闭，当年的尖子生毕业即失业；2003 年做零售业可以说顺应了“自由行”热潮，但是从 2015 年开始香港的零售业逐渐被淘汰。时至今日，社会变化得越来越快，很多传统行业都被新生事物所取代。

一旦你有了“隧道视野”，就很可能察觉不到你身处的行业，甚至你自己，在未来可能也会被淘汰。

“隧道视野”其实会引发恶性循环：行业开始走下坡路，人们的收入减少，越来越忙，只好花更多时间工作，这就更加没时间看清楚世界的改变，最后只会成为消失的中产。

“中产消失”的潮流是没法逆转的，在这个洪流下，大部分人都会变成新的穷人。因为“隧道视野”，今天的企业巨人在明天也有倒下的可能。因此，无论打工族还是企业老板，都必须将过去的思维扭转！

Part 3

面对巨变，我们应该怎么办

颠覆你过去的思维

你也能振翅高飞

找到你的“第一”

追随懂你的人能让你“轻松智富”

财神更愿意去和谐的家庭做客

销售自己是所有成功人士的必修课

学会抱团打天下

颠覆你过去的思维

一、从“卖时间”变成“创造价值”

通常，人们都是靠卖“时间”和“劳力”赚钱，就好像我在做工程师和顾问的时候，我的“学历”只是给了我一张入场券，来证明我有打工“卖时间”的资格！

当我的工资越来越高时，公司自然也要求我加时工作，即使我完成了手上的工作，也不能要求提早下班。我真的试过！我在星期一就已经完成整个星期的工作，可是还要“装忙”，不能要求星期二至星期五放假，因为老板聘请我就是买我的时间，如果我不“忙”，要么老板会多给我工作，要么就把我开除。后来，我自己做了老板，结果比打工时更辛苦、更忙，因为打工的人病了可以请病假，有事可以请事假，有时也可以偷懒，照样到月底准时拿薪水。而我却不能请假，不能偷懒，因为我少做一些，公司的生意额就会少一些，而且我还要支付公司的开支，例如房租的费用、员工工资等，所以我的工作时间更长了！

“卖时间”为什么不好？一来时间是有限的，所以可以提升的收入也有限，而且代价不菲；二来在全球化竞争下，世界上总会有人愿意以更低的价钱卖出自己的时间来取代我们的位置，所以时间越来越不值钱，卖时间的人只会越来越忙！

富人不卖时间和劳力，他们靠的是以下创造财富的方程式：财富 = 价值 × 杠杆

有一点很重要，富人的成功方程式不是用“加号”，而是用“乘号”。即“价值”和“杠杆”两者之中任何一方是零，那么不管怎样相乘都等于零！而只要将“价值”释放，将“杠杆”提升，两者变大后相乘，得出来的结果便有倍数效应！

具体来说，如果我能为客户创造 10 美元的价值，客户付我 10 美元，如果我能为客户创造 100 美元的价值，客户就会付我 100 美元，这样我就能提升 10 倍的收入了。

除了提升价值，我也可以通过杠杆，把 10 美元的价值提供给 10

个客户，那么我也能将收入提升 10 倍。

提升价值和杠杆也可以同时进行，例如我把价值增加到 40 美元，杠杆提升 2.5 倍，那么我的收入也增加了 10 倍。

所以我认为，一个人每个月的收入就是取决于他能为多少人创造价值！你能为百万人创造价值，你每月便可以轻松地赚百万！你能为千万人创造价值，你每月便可以轻松地赚千万。

今天的那些网络红人就是将自己的价值提供给了百万人、千万人，那他们自然可以轻松地成为百万富翁、千万富翁了。

因此，我每天都会想，如何为更多人创造更多价值？如何提升价值？如何通过杠杆，将价值传递给更多人？

二、将“资本主导”变成“人才为本”

以往做生意，资金扮演着决定性的角色。有了资金，便可以招聘人才、买厂房、买原材料……不过到了今天，“资本主导”的生意方法已经过时了，有时候资产越多反而越会成为企业成长的负累。今天的中国，最赚钱的企业不再是以往那些“重资产”的国企或者制造业，而是“轻资产”“重人才”的企业，如阿里巴巴、腾讯、网易、京东商城、百度等。

今时今日很多企业老板面临的最头痛的问题，就是留不住人才，甚至找不到人才。因此老板们不要以为只要有钱，生意就一定会做得成功，也不要以为有钱一定能买到人才。为什么我这么说？因为即使工资再高，但工作做得辛苦或欠缺满足感，人才也会离开，去追随下一个比你更好的领导。

所以老板们必须要明白今时今日如何能吸引新一代的人才。首先，新一代的人才会被什么样的工作环境吸引？答案一定是有愿景、有使命感、允许他去自我增值的老板！因为他们希望自己能释放才能、提升才能，而非单纯为了高报酬、高薪水。在传统的企业模式下，员工与老板往往站在对立面，因为在老板心中，付了员工薪水，就想让员工多干点活儿、多做些工作，解决最多的问题或创造最多的业绩；而在员工心中，却不愿多辛苦、多工作。到头来老板变成“无良雇主”，员工变成“冗员”。因此现在老板们必须改变思维，要将员工视为跟自己一起打拼的人，每天去想如何帮助他们实现梦想，员工自然就会全力支持老板，这便将“对立”变成“共赢”。

现在的企业老板们都需要自我增值，与世界接轨。只有具备远见、走在时代前端的领导，才能有足够的能耐去吸引人才以及启发团队去释放才华。当你团队中的每一个人都能将才华完全释放出来，你的企业怎能不做大、做强呢？因此老板们需要记住一点，真正的人才不是买回来的，而是被你吸引过来的。

三、将“大企业模式”变成“汇聚创业者的平台”

以往的大企业模式只会令你的企业江河日下，因为在大企业的模式下，劳方和资方总是站在对立面，老板以为出了钱，员工便要理所当然地努力工作，而这样很容易会令员工们有“打工心态”。“打工心态”就是只有给钱或者有好处才做，如果没有好处自然就不做了。那么如果一个企业的员工全部都有这种“打工心态”，这个企业能有什么前途？

所以老板的心态也要改变，不要让你的企业去走“大企业模式”的死胡同。今天你需要一条新的出路，将你的企业变成一个“汇聚创业者的平台”。

以下是今天的老板们必须牢记的：

所谓“创业”，便是“创造价值的事业”。

所谓“创业者”，便是创造价值的人，而不是卖时间的打工者。

所谓“企业”，便是“汇聚创业者的平台”。

在今天“大众创业、万众创新”的年代，作为企业领导要将企业变成“汇聚创业者的平台”，令创业者实现梦想；作为员工，也要将个人提升为“创业者”，不再卖时间，而要为企业创造价值。

创业者和打工者的最大分别就是他们工作的动力。打工者为了福利和薪酬，而创业者是为了把自己的企业做大、做强。

如果你团队的每一个人都是以创业者的心态去经营事业，每个人都按照“智富八道”去尽显才华，擅长销售的去做销售，擅长幕后工作的去做幕后工作，你的企业自然会成长，并且成长快速，你更不需要花无谓的时间和成本去监察他们。

要做到“汇聚创业者的平台”的关键是：第一，老板需要提升自己，成为指挥家，才能吸引到人才做表演家；第二，老板需要让团队的成员去专注做自己擅长的事，从而尽显才华；第三，当你的企业做出成绩后，你的团队能分享到应得的成果。

由于篇幅有限，当中还有很多细节，留待有机会再分享吧。

四、老板和员工重新定位

老板是企业的设计者和领导，聚焦于有组织性和有目的地创造和递送价值，再将过程变为机制和系统，从而令员工可以：

1. 互相沟通；

2. 将利益绑缚在一起；

3. 上班有动力，有所提升，激发潜能。

员工不再是打工者，而是“创业者”，思维要有以下改变：

1. 自己便是一家公司；

2. 企业是发展自己的平台；

3. 主动创造价值，并发挥最大价值。

五、为企业注入生命力，打造百年企业

阿里巴巴今天能做到万亿企业，也是马云在其创业的那一刻决定的，因为马云在那时就说要做一家超过 200 年的企业。

很多老板只着重于制订企业的制度和系统，这并不是不重要，不过如果企业缺乏生命力，制度和系统并不足以维持一家企业至百年。

企业家在经营企业时，要将自己和员工的热情、使命感、成就

感等和企业业绩挂钩，企业自然会越做越好，蓬勃生长。那么如何令员工工作有热情、使命感、成就感？第一，领导思维要改变，首先要发掘好员工，然后服务好他们，激发他们的使命感，令他们带着使命去工作，这就是企业生命力的来源；第二，不再单用金钱等物质条件去推动员工工作，而要令他们有心理上的满足；第三，将学习变成企业文化，让大家开心学习，不断提升，这样企业便会历久弥新，百年长青。

“智富七环”“智富八道”和“智富九层”便是打造百年企业的三大法则。

六、个人或企业都要做到行内第一，甚至唯一

如果你的生意是行内第一，你会赚最多的钱；如果不是第一，只是第二，仍可赚微利；第三或以后的，赚不了多少钱，甚至要亏损。例如可口可乐，全球第一，赚得最多；百事做二哥，也有些钱赚，但比起可口可乐少很多；至于第三，没有人说得出是谁。

可是企业又如何能做到行内第一，甚至唯一呢？

一般企业过于重视总裁思维，其实应由个人出发，释放出每位

员工的独一无二的价值，然后再有系统地将他们组织、分工。如果每位员工都是做他应做的事，自然企业会变成独一无二了。

所以“智富七环”，就是在个人层面，找到队友独一无二的价值，让他们轻松、有热情、有活力和有成就感地投入工作。

而本书主题“智富八道”，便是将人放在对的位置，知人善任，因时制宜。

七、让“艰辛努力”变成“轻松智富”

你有没有发觉，上一代人对于追求成功，都是标榜着“艰辛努力”“成功要苦干”的方式。

几十年前家喻户晓的电视剧《狮子山下》《阿信的故事》等，都是把艰辛努力的奋斗模式“英雄化”，使之深入民心。而中国传统的，如脚踏实地、多劳多得等思想，更是根植在人的脑海中。

中国有个成语叫“玩物丧志”，将“玩乐”视为负面的事情，这种思想观念也是根深蒂固的。这导致了多年来很多小孩子的玩乐、兴趣都被打压，父母、老师的一句要“勤奋读书”的话，便将小孩子的童年都扼杀了，繁重的功课和频繁的补习取代了对玩乐和兴趣的追求。

今时今日虽然很多家长都在子女年幼时为其报大量兴趣班，学弹琴、学游泳，不过一到中学，因为要中考、高考，便要子女搁置这些兴趣，专心考试、努力读书。

玩乐和兴趣，还是等将来读完大学，事业有成后再慢慢追求吧！其实这是另一种打压，人们潜意识中就觉得“玩乐”是一种罪恶。我就是在这样的背景下成长的。

为了前途（或叫“钱途”）在中学选方向时我顺理成章地选了理科，大学选专业时又是凭毕业后的工资来决定（所以选读电机工程系），我完全没有考虑过自己喜欢什么、天赋是什么，做什么事最轻松、最能得心应手，更被上述的“玩物丧志”的观念所影响，将工作视为一件严肃的事，而不应该图轻松、图好玩，所以我最后选择的并不是自己真正想要的东西。

不可否认，靠着“艰辛努力”，的确让我的事业略有成就。当年因为我读书很努力，会考成绩（香港的公开考试）名列前茅（在香港俗称“状元”）。大学毕业后做工程师的收入也令我拥有小康之家，加入麦肯锡后更可谓平步青云，若干年后能够做上“打工皇帝”。

不过这种以传统思想来衡量的“成功”，背后付出的代价却很大。

首先在个人方面，繁重的工作令我压力很大，非常辛苦，上班“度日如年”，晚上经常失眠，上班时也经常做着“财务自由”的白日梦，工作表现自然受影响。因为工程不是我真正的兴趣，平时也不会自觉地钻研这方面的知识，所以我做了不到三年，就感到自己追不上日新月异的科技发展了，从而改行去读工商管理硕士。

工商管理硕士毕业后我工作也没做多久，全是因为我从事的并不是自己所喜爱的工作。我没有发挥出自己的优势，在全球化的竞争下，工作只会越做越辛苦，压力越来越大，而报酬也相对地越来越少……

在家庭方面，频繁的出差让我很少有时间待在家里，没有时间经营家庭关系，与家人的关系每况愈下，甚至出现家庭问题。

这些问题不只是我个人的问题，而是整个社会普遍存在的问题。这些问题全是由根深蒂固的成功就要“艰辛努力”的思想所致。要解决这些问题，就需要有“轻松智富”的思维！

我先让大家看看在“艰辛努力”的世界对面，另一个“轻松智富”的世界是怎样的。

这是一小部分富人身处的世界。以我现在做出成绩的学生为例，他们的典型生活如下：他们的时间和金钱都很充裕，好像用完了还会有！他们每天都不需要闹钟叫醒，而是任由阳光来唤醒自己，可以睡到自然醒！他们不需要赶时间，早上 10 点钟才施施然地和心爱的人到茶楼吃早餐，慢慢计划今天做什么事情。

他们可以选择每天工作，也可以选择每天都度假，最重要的是他们有选择权。他们所做的工作都是自己热衷、拿手的事情，他们可以选择做什么或者不做什么；可以选择在最高效的时间做或者是在其他时间做；可以选择和谁做或者不和谁做；可以选择在哪里做或者不在哪里做……

他们不需要为赶时间而吃不健康的快餐，没有金钱的压力，他们可以选择吃有益健康的食物。他们也有空余时间做运动，做自己喜欢的活动。

所以“轻松智富”世界里的人拥有健康的体魄，看上去比“艰辛努力”世界里的人面色更好、更有朝气。他们毫无金钱上的忧虑，因为他们赚钱很轻松。他们和家人喜欢做什么就做什么，随时去旅行享受人生都可以。

其实，我有一个中学同学和一个大学同学，都在大学毕业后短短几年内成了亿万富翁，过着以上这种生活。可是，我却因为相信“成功要苦干”，而对他们的成功一直嗤之以鼻，视而不见。

直至我看到了上一章所讲到的大趋势，感觉到危机已经迫在眉睫，不变已经行不通了，于是在良师的诱导下，走上了这条“轻松智富”之道。

你也能振翅高飞

如果我们走对了自己的“智富之道”，应该可以每个月轻轻松松就得到一百万以上的收入。

这个世界上，我认识许多富翁（包括许多“智富八道”的学生），他们能轻轻松松地赚大钱。就像马云（他是一个创道者），他天马行空地去想一些颠覆传统的想法，成为亚洲首富，然后就不断地开拓新的生意，钱也越赚越多！

他们就像展翅高飞的大鹏，活得多么潇洒！

想象一下，如果马云今天还在肯德基工作（还好当时肯德基没有录取他），就算他再怎样艰辛努力，可能仍是一个每天被批评的“最差”员工！

相信我，因为自从2009年开始，我已经帮助了一万多个学生找回了真正的自己。我鼓励你，相信你，最终你会找回自己，发挥你最独特的潜能，振翅高飞！

你，可能就是下一个马云！

找到你的“第一”

你有什么是“第一”呢？如果你今天没有任何一个方面是“第一”的话，财富不会自动被你吸引过来。

要提升你的价值，必须要找到你的“第一”，并成为行业的“第一”！

我想分享一下我的“第一”，以及我是如何做到这个“第一”的。年轻时，长辈告诉我“兴趣不能当饭吃”。可是，国外曾有个研究结果，如果一个人找到自己的爱好，每天只专注于做自己喜欢做的事，不喜欢的事不做，他一辈子所赚到的收入会多出100万美元。“艰辛努力”和“轻松智富”这两条路我都经历了，我可以告诉你：绝对是这样！让我以自身的例子解释给你听吧。

我最喜欢玩游戏机（香港人俗称“打机”），而且经常因为打机废寝忘食。打机也能赚钱？我也喜欢旅游，不过我喜欢深度游，不走马看花，不购物，而是了解当地的历史文化、风土人情，享受美食。旅行也能赚钱？我更喜欢学习，由 2004 年开始，我和太太每人花了超过 100 万美元到全世界上课学习。上课也能赚钱？

正因为这些都是我的兴趣，所以我日思夜想，念念不忘，几乎每时每刻都在想这三样东西。所以我在 2009 年开始设计课程时，就在课程上用了许多互动的游戏。上过我课程的学生告诉我，从这些游戏中他们学到很多东西，且印象深刻，一生难忘。

从 2009 年至今，我对设计课程仍乐此不疲。相对我以前做的工作，我相信现在我所做的事情是我一生的事业。

当我的课程做到最好的时候，我的学生便成为我的忠实粉丝，他们会介绍身边的朋友来上课，所以我每次开课都座无虚席，而且还去新加坡、马来西亚、澳洲、澳门等地方开课，世界各地的学生慕名而来。

迪士尼的创办人说过：“我们不是为赚钱而拍电影，而是为拍更多的电影而赚钱。”我每年都能开二三十次课程，无论在经验的累积还是在盈利上面，我都远远地超过同行。这是一个良性循环，我越做越轻松，财富也越来越多，这就是“轻松智富”的一个秘密！

那么旅游怎么赚钱呢？原来世界就是我们的课堂，我在 2011 年带了一班学生到香格里拉；在 2012 年和 2014 年带学生走丝绸之路，体验当地的历史文化，享受美食；另外，每两年我都会带学生到马来西亚的森林进行拓展训练。这些都是我结合了“旅游”“玩游戏”和“学习”而设计出来的课程，这令我和我的智富学苑成为香港培训界的第一。

再说说我学生的例子吧。我的学生蔡其皓和钟启华，他们经营单车迷你仓生意。他们本来想做迷你仓，但我却建议他们不要单纯做迷你仓，因为市面上有太多迷你仓，其中的名企也有好几家，无论知名度、商业模式都无法与之竞争，与其打没有把握的仗，不如做自己最擅长的。

后来他们便改做单车仓生意。因为蔡其皓曾拿到世界单车冠军，他亦很了解单车爱好者的需要，所以他们能站在用户的角度，在单车径的起点（临近地铁站）开设了全香港最大的单车仓——丽奇单车仓。

市面上虽然也有单车仓，不过都是在工厂大厦的楼上，地方较窄，又没有洗车区和会所，对用户来说极为不便，而在丽奇单车仓中，用户可将单车直接推进单车仓。

在迷你仓行业方面，丽奇单车仓算不是“第一”，而迷你仓其实还可以细分，如普通仓、红酒仓、单车仓等，所以丽奇单车仓就在整个行业中的某一个领域做到了“第一”，客户自然源源不断。

我另一个学生简家铭，从事舞艺事业。他自幼习武，曾学咏春、泰拳、跆拳道、空手道等多种武术，都拿过不少奖项，更在少林寺进修过；同时他又热爱舞蹈，曾学过嘻哈舞、霹雳舞、机械舞等多种舞蹈。

简家铭将自己所学过的武术和舞蹈巧妙结合，创立了一种功夫加跳舞的新舞种——“武艺舞”。这样他就成为这个领域的“第一”，因为市场上完全没有竞争对手！

后来我教他用“智富八道”的方法建立团队。他运用这种方法建立好自己的团队后，去经营他的“武艺舞”生意，成功做到了“第一”中的“第一”。

简家铭成功的地方，就是他专注做自己“智富之道”应做的事。他了解到自己原来是创道者后，马上明白了为什么以前辛苦工作也不赚钱，因为过去他几乎是什么都自己做，发传单、接生意、教跳舞……所有工作都亲力亲为，结果花了时间和精力，回报却不多。

现在很多成功人士，甚至亿万富翁，其实并不是每一个领域都精通、每一件事都自己去做的，他们都只专注于自己擅长的，几乎不会花时间去做自己不擅长的事。对于不擅长的事，他们便外包出去或与精于此道的人合作。

简家铭明白这个道理后，意识到自己创立“武艺舞”正是发挥了创道者的天赋。他将“智富八道”应用到自己的团队中，了解了团队成员的“智富之道”后，他就只专注于创新方面的工作，其余工作按照每个人的天赋、优势去分配，将运营工作交给一个励道者去带领团队打理，让每个人都做最擅长的事情。

简家铭用多出来的时间，想出了新的产品，除了教跳舞，更将他在少林寺所学的易筋经和其他功夫，设计成“拉筋班”和“五行瑜伽班”，结果大受经常腰酸背痛的上班族欢迎，营业额马上大幅提升了。

他的“武艺舞”本来已是行内“第一”，再加上利用“智富八道”打造了高效团队，令其他竞争对手更加无法抄袭，自然做到市场的“唯一”。

可见，当你一旦走对路，成功应该是轻轻松松的。不过，事实却是现实生活中很多人都不清楚自己应走哪条路，就像在我不清楚自己的“智富之道”时，无论打工还是创业，我不是走错路就是每条路都尝试，结果到头来处处碰壁。

追随懂你的人能让你“轻松智富”

即使你明白以上的道理，这还远远不够，因为你还需要靠自己去摸索。打个比方，如果你想学功夫，拿着拳谱自己练可以吗？不行，因为你不知道每一招每一式是怎样应用的。

所以学功夫是要到武馆找一个师父去跟着学，师父怎样打，你便怎样打，而且要互相对练。同样，如果你想成功，自然要去找一个成功人士去跟他近距离学习。因为只有站在巨人的肩上，你才不需要花时间自己摸索上山的路径，就可以站得高看得远！可惜今时今日很多嘴上说想成功的人，实际上却没有找师父帮助自己。

师父不同于老师，因为不是教人知识、理论，老师可以是纸上谈兵，比如教经济学的老师可以没买过楼和股票；师父也不是教练，比如游泳教练不一定需要参加过奥运会，但师父一定要成功过。

一个好的师父，不但要成功过，最好也失败过，可以传授经验给你，令你少走弯路。在你迷惘时可以引导你，令你清晰地知道下一步应该怎样做。每一个成功人士背后至少会有一个师父。即使苹果教主乔布斯这种传奇人物，他一生中至少也有 10 个师父。“脸书”的创办人马克·扎克伯格也有师父，其中一个就是乔布斯。因为无论一个人有多出色，他都会有迷路的时候，总有失去方向的时候。所以出色的人更加了解自己的局限，不会单打独斗，必然会找各个方面比自己成功的师父，模仿他们，向他们学习。

我过去也曾全世界拜师，差不多跟所有最成功的导师都学习过，花的学费也超过了 100 万美元。其中有几年还曾近距离地跟随一位世界顶尖级导师边做事情边学习。正因为我跟成功的师父学习过，才有今天的成绩。

最近有一个在新加坡教人投资房地产的导师约亨·威斯曼，他本身已经很成功了，在全世界都有物业投资，而且在世界各地教学。他为了找我做他的师父，特意从新加坡飞来香港跟我见面几个小时，就是为了学习自己不知道的事情。所以，成功人士越是成功，其求知欲就越强。

财神更愿意去和谐的家庭做客

为什么我说要家庭和谐呢？原因是家庭和谐可令你更容易创造财富。

有没有听过一句俗语“家和万事兴，家衰口不停”？其实古人早就看透了。如果一个人的家庭和谐，他在事业道路上不但没有后顾之忧，更能得到源源不断的鼓励和支持，思想自然正面积极，做事更易成功。相反，如果家中后院失火，你仍能勇往直前吗？

很多家庭不和谐，都源于彼此不了解，用自己的方式理解或对待另一半。正因如此，彼此之间很容易将对方不如己意的方面视为缺点，这样一来，争吵便出来了。更糟糕的是，在一些关乎钱财的重大决定上，如有分歧，轻则夫妇不和，互不支持，无法前进；重则反目成仇，以离婚收场。

“智富八道”其实也可帮助你的家庭变得和谐，甚至夫妻同心。“智富八道”将人分了八类，当你了解八类人的特征后，你可以更加真正了解你的家人或伴侣，懂得如何跟他/她相处。

让我们看看六个月前才跟智富爸爸学习的邓肇风先生和他太太田斯蔚小姐的例子：

邓肇风在智富爸爸张志云的指导下，创立了兆丰环球集团，从事理财、培训和保险生意。在这之前，他是渣打银行的分行行长，也曾经任职汇丰银行，并且在汇丰做到了全亚洲最优秀销售员工。

田斯蔚和邓肇风结婚8年。他们的婚姻，与许多现代人的婚姻一样，经历了许多风浪，幸好他们在“七年之痒”的时候，走进了智富学苑，而“智富八道”改善了他们的婚姻关系。

邓肇风是宣道者，而田斯蔚是洽道者。

在没有了解“智富八道”之前，田斯蔚不明白为什么自己的丈夫总是喜欢出风头，相反，邓肇风觉得他太太衣着太朴素，做人太低调。他们曾经在汇丰银行是同事，因为工作模式的不同，经常不欢而散，最后邓肇风离开汇丰银行，转到渣打银行。

邓肇风工作非常努力，要把每样工作都做到第一。可是，在田斯蔚眼中，邓肇风只顾工作，不顾家庭。而在邓肇风眼中，田斯蔚做什么事情都好像很慢，而且“缺乏上进心”，不是自己的“知己”。逐渐地，他们之间没有了共同的话题。

邓肇风喜欢花钱，家中买了几辆保时捷和奔驰顶级跑车，服装永远都买名牌的。但是有了小孩后，田斯蔚希望能把钱省下来，所以他们经常为了钱而争吵。

认识了“智富八道”后，田斯蔚明白到宣道者是“任务主导型”的个性，喜欢突出和标榜自己，性子急，能够赚到钱也喜欢花钱，于是开始接受并且理解丈夫，从以前抗拒他的作风，变成现在支持他的独特风格。

邓肇风也了解到他太太作为洽道者的特征，很有爱心、喜欢照顾身边人、工作速度比较慢、人缘好等，正好弥补了他作为宣道者太喜欢出位的短处。

邓肇风更看到了田斯蔚平常想要的写意生活：多与身边人吃吃饭，照顾好身边每一位家人朋友，这正是“洽道”。而田斯蔚也看到她先生开跑车、戴名表、穿名牌，让身边人羡慕才是正确的“宣道”。

因为“智富八道”，他们开始理解、接受、支持和欣赏对方，邓肇风做他的个人品牌，田斯蔚帮她丈夫跟别人洽谈合作条件，现在他们同心协力，建立事业和家庭。相比以往经常吵架，现在省了很多时间，邓肇风更可以专注于事业。所以，大家在打拼事业、追求成功的同时，千万不要忘记你背后的那个家！

销售自己是所有成功人士的必修课

要做到“第一”，你需要有一个很清晰的个人品牌或公司品牌定位，而且必须是不可替代的。我另一个学生菲利斯的个人品牌定位就是“沙滩上的培训师”，即使市场上有无数的培训师，不过却没人是通过“堆沙”做培训的。

当你有了一个清晰的品牌定位后，下一步就是要推广出去，让天下人都知道你的品牌。

当今很多成功人士都是销售高手。马云销售淘宝网、乔布斯销售苹果、雷军销售小米，他们都销售得非常成功，而且名牌的定位也非常明确。因此你若想创造财富，便要懂得销售你的品牌。

今天是一个美好的时代，因为以往做广告宣传，成本不菲，所以不是每个人都有能力做老板。不过在今天的信息社会中，任何一个人都可以利用社交媒体“零成本”宣传，你在“脸书”开一个专页，或者开一个微博，只要懂得经营，短时间内就会有数以万计的粉丝。

有了清晰的品牌定位并且成功宣传后，你便要学会最上乘的“绝对成交”的销售策略。

为了学好销售，我曾经拜访全世界最好的销售大师，我也在一些公司做到销售冠军，但却经常被批评，说我是“硬销”，最后几乎所有的朋友都离我而去。我苦思良久后，终于明白问题出在哪里，原来外面的销售大师教的销售方法都错了。

问题出在哪里？原来每个人购买东西时的考虑因素和决定过程都不一样，如果你不知道人家是哪一个“智富之道”的人，你成功的机会，最多只有八分之一，这是多么可惜啊。

举例说，掌道者和励道者购买东西的模式就是截然不同的。假设要买一部照相机，掌道者需要阅读大量产品信息，深入了解产品性能，再通过比较、分析才去决定是否购买；励道者则会去问身边懂照相机的朋友，买哪个牌子、哪款型号比较好，一旦身边的人推荐了某款相机，便可以做购买决定。很明显，掌道者的思考点是数据，励道者的思考点是人的因素。如果你不懂得“智富八道”，用了人的因素去跟一个掌道者推销，或用数据去跟一个励道者推销，成功的机会都会很小。相反，当你掌握了“智富八道”的应用，了解每个“道”的人的需要，对症下药，便很容易成交了！

学会抱团打天下

现在很多亿万富翁，都不会单打独斗，而是跟其他成功的商人合作。万科现在做到这么大，买地、开发项目时也会跟其他房地产企业合作，强强联手。

当你成为某个方面的“第一”，自然你就会吸引到其他高质量的人来认识你，给你带来更多合作的机会。一旦你找到另一个在某方面做到“第一”的人，大家一起合作，强强联手，便可以令彼此成为“第一”中的“第一”，甚至做到“唯一”。

简家铭的舞蹈教室开业仅一年，生意就做得很好，这时他开始想开分店……

很多人常犯一个错误，就是当生意一好，便去开分店，却没想过分店要采取另一种商业模式，如果没有全盘策略，或者没有开分店的经验，十有八九无法成功。

简家铭经过我的指导后，便没有贸然投入资本开分店，反而去想如何与其他强者合作。

简家铭在智富学苑上课时，结识了经营丽奇单车仓的钟启华和蔡其皓，大家在一起上课学习，有了共同的合作文化和信任基础。所以简家铭马上便想到与丽奇单车仓合作，强强联手。

丽奇单车仓有一个面积超过 90 平方米的会所，里面有一间装有镜子的大房间，还有扶手，并铺了木地板，这根本就是一间舞蹈教室。平日里这个房间的使用率不太高，所以很适合用来作为简家铭的功夫舞教室。那么这对于丽奇单车仓又有什么好处？其实简家铭一旦在单车仓开分校，自然会有喜欢运动的潜在顾客前来，无形中互相做了广告。

最后，简家铭成功实现了在不需要什么成本的情况下，开了第一家分校。而更重要的是他因为和钟启华强强联手，得以在短时间内踏出重要的第一步，累积了开分校的经验，而且不需要在市场上白白交学费。后来，简家铭很快地又开了几家分校，现在一共有五家了。

能做到强强联手的前提有三个：第一，大家都需要知道彼此的

"道"，才可以合作；第二，每一个人把自己的天赋发挥到最大，合作起来产生的火花才有爆炸性的效果；第三，有了合作文化、互信基础（建立在彼此都明白"你的'道'的强处不是我的'道'的强处"的基础上），尊重彼此，才会有建设性的创意合作，而非毁灭性的互相侵略，例如抢占彼此的市场和客户。

过去八年，我悉心打造了一个"智富学苑"，现在已累计教了数千人名学员。大家通过上我的课，提升了自己，当中更有很多人在这个平台上结识了志同道合的人，一起闯出了一番新天地。

Part 4

智富八道的实践与应用

如何让销售员用最轻松自然的方法成交

如何激活团队的自发性

因时制宜，知人善任

智富九层

如何让销售员用最轻松自然的方法成交

做销售的最高境界，就是绝对成交，即每次对客户发出邀请时，他们都能爽快地答应。在弄明白为什么能做到这个境界之前，我们首先要知道，为什么会成交失败。

在做销售的过程中，你可能会遇到三大难题：

1. 如何让自己不再抗拒销售：有些人害怕主动开口说话，害怕被朋友拒绝，害怕被人家批评为“硬销”……许多做销售的新手就死在这些关口，而因此造成的新人流失也是销售领导最头痛的问题。

那么，问题出在哪里？原来，一般的销售培训是用同一套模版（像一个宣道者那样）来培训所有人，而实际上每一个“智富之道”的人都有自己独特的方法去做销售。创道者销售的是愿景、梦想；宣道者销售的是品牌；励道者销售的是一份情谊；洽道者销售的是关系、好处；执道者销售的是服务；守道者销售的是信心；掌道者销售的是实用价值；

完道者销售的是质量。

当你用对了自己那个“道”的方法，业绩就会出来，收入也会提升。在这种情况下，每个销售员做销售时，就不会再抗拒，而是感到开心快乐，自然就会主动多完成些任务。结果就是，销售做得越多，越轻松，业绩也越好，这是个良性循环。

2. 怎样与潜在客户打开话题：许多销售人员用的方法，是经常主动“关心”他的潜在客户。但是这种方法的效率其实是很低的。打个比喻：可能你的妈妈也很关心你，但是一般来说我们都会觉得妈妈“很烦”。况且，你还不是那些潜在客户的家人，你这么关心人家，难道他们不会觉得你“别有用心”而防范你吗？

3. 如何消除客户的戒备心：在与客户打开话题之后，许多销售员都会犯一个很大的毛病，就是太早开始销售。而这样做往往会遭到拒绝，也让客户产生了防备心理，以后不愿意跟你聊天了。

其实，不同“智富之道”的人，购买东西时的考虑因素和决定过程都不一样，如果你不知道人家是哪一个“道”的人，你成功的机会，最多只有八分之一（这还是在你走运碰对了的情况下），这是多么可惜啊。

在销售方面，将来有机会再把我独创的“思乐轻松销售”拿出来与你们分享吧。

如何激活团队的自发性

很多人都以为领导下属只能有一种风格，但是根据“智富八道”的四季能量来划分，领导方式其实有四种不同的类型。如果不清楚在什么阶段应该采取什么样的领导方式，就会出现团队成员跟不上领导的节奏，甚至出现摩擦的情况。

第一种是“春生能量”型的领导。这种领导的“春生能量”是在他的四季能量中最强的，属于“任务主导型”，必须要见到成绩或结果发生。他们不断追求，规定自己做完一项任务要达到什么样的成绩。如果见不到任务的结果，这种领导就会觉得不自在。

第二种是“夏耀能量型”的领导。这种领导的“夏耀能量”是在他的四季能量中最强的，属于“以人为本型”，重视人的关系，可以令团队融洽和谐，共同进退，他们给人一种想要亲近的感觉。

第三种是“秋收能量型”的领导。这种领导的“秋收能量”是在他的四季能量中最强的，属于“行动主导型”，必须要一步一步不断地采取行动。与“任务主导型”不同的地方在于，“任务主导型”是向前冲，以完成任务为目标，而“行动主导型”则是需要不断有更多行动出现，比如今天做什么、明天做什么、下星期做什么，一步一步依照时间表去解决问题。

第四种是“冬省能量型”的领导。这种领导的“冬省能量”是在他的四季能量中最强的，属于“数据主导型”，需要不断做调研，用数据、事实去支持自己的想法和行动，对事不对人，并且黑白分明。

很多企业家常犯这样一个毛病，他们总以为自己是公司的老板或创始人，在任何阶段或者事情上都要自己亲自拍板，而这是行不通的。

如果你是一个“春生能量型”的领导，无时无刻都带着团队向前冲，而忽略团队成员的休息时间，那么再强的团队也会有散的那一天。如果你是“夏耀能量型”的领导，过于看重人的感受，有时候就会拖慢行事的进度。所以在不同的阶段，或者在不同的任务中，应该由具有不同领导特质的人去带领团队。

我们之前都说过，当你的团队中每个成员都是顺流时，团队自然会强大。如何能做到顺流？其中一个方法是减轻阻力，换言之，就是不要让你的团队成员去做自己不擅长的事情。当你知道了团队每个成员的智富之道时，你便知道他擅长什么或不擅长什么，从而将你的团队成员放在合适的工作岗位上。无论你是哪一种类型的领导，都必须要将你的团队成员摆好位置。

因时制宜，知人善任

与“智富八道”相对应，每个企业的成长都有八个阶段。

第一个阶段是验证概念。任何生意都是从充满想象力的概念开始的，在这个阶段，创道者最能发挥他们的天赋。就像万物生长的初春一样，初创企业也需要容纳无限的可能性。这时候千万不要扼杀创道者的创意，因为任何一个点子都可能拥有无穷的潜力。

马云创立阿里巴巴时，就是从一个创新的概念开始的。当时很多人看不懂，说他是疯子，但是现在几乎全中国的网民都在用淘宝。不过需要注意的是，任何创新概念都必须要通过验证，我们才能决定要不要继续投入资本做下去。最简单的验证便是看客户是否愿意用真金白银去购买你的产品或服务。在这个阶段，投资成本越低越好，最好是零成本。我有很多学生都能做到低成本或零成本创业，有机会我也会和大家分享一下他们的案例。

第二个阶段是推广品牌。当你开始有了客户之后，便需要打造自己的企业品牌，并将企业的价值理念推广出去，令更多人知道。在这个阶段，宣道者最能发挥他们的天赋。在这个阶段，销售技巧和营销策略应该放在首位。我独创了一套销售方法叫作“思乐轻松销售”，这个销售方法与外面所教的销售方法完全相反，可以吸引客户主动上门消费而不用你“硬销”。这套方法在过去的时间里，帮助我的企业提升了至少 10 倍的业绩。而我的学生们也用它使自己的个人业绩或者公司业绩迅速倍增。不过销售不是这本书的主题，有缘再跟大家分享这方面的东西。

第三个阶段是发展团队。当你的企业品牌建立好后，客户人数会不断增加，这时企业最需要做的是建立团队去支持业务的发展。在这个阶段，励道者最能发挥他们的天赋。员工数量增多后，人事问题也会随之而来，而励道者的亲和力和感染力就能够派上用场。

第四个阶段是联盟合作。在这个阶段，企业已具有一定的规模，若只靠自己的自然增长，成长速度就会慢下来。如果你还想再取得突破性的进展，就要开始跟市场上的其他企业进行联盟合作，强强联手，取得协同效应。在这个阶段，洽道者最能发挥他们的天赋。企业需要像洽道者这样天生的谈判高手，不断地去和不同的企业洽谈合作机会，创造合作条件。

第五个阶段是集资上市。这个时候就像到了庄稼成熟的秋天一样，企业也应该到了拥有联营公司、分公司或者子公司的阶段，企业利润已经达到一定规模。这时便可以将企业资产证券化，在资本市场上集资上市。而在这个阶段，执道者最能发挥他们的天赋。他们可以做好三个方面的事情：一方面通过重复执行，将公司的业绩保持下去；另一个方面跟客户保持良好而长期的关系；第三个方面发掘绝佳的时机，将公司上市。

第六个阶段是兼并收购。这时企业已经拥有了雄厚的资本，甚至取得了行业的龙头地位。接下来便可以做进一步投资，例如收购同行的企业，产生更大的协同效应，或者收购其他行业的公司，令产品、业务更加多元化。在企业进行兼并收购时，可以通过增发股份的方式进行投资或收购，而无须掏出真金白银。在这个阶段，守道者最能发挥他们的天赋。因为他们注重风险管理，能令公司避免因冒进而赔上多年打下来的基业。而出色的守道者，也可以在其他公司陷入困境时，以极低的价格将它们收购，然后改善管理，或者重新改造，最终大赚一笔。

第七个阶段是增加现金流。这时企业的规模已经很大，可能在过去迅速膨胀的过程中积累了不少冗员或增加了一些额外成本，所以企业应该把精力放在精简架构、节减无谓的开支以及增加现金流上面。这个阶段就像过冬前一样，最好预先储备足够的粮草，以应对突如其来的行业冬季或者经济低潮。很多企业之所以失败就是因为没有居安思危，没能事先做好过冬的准备，所以一旦经济形势下滑，可能就会出现坏账、库存积压，以及现金流断裂的问题。如果到那时才开始裁员、关闭分店的话，企业不能及时调整过来，很可能会出现重大亏损，甚至倒闭。在这个阶段，掌道者最能发挥他们的天赋，他们对于公司整个运作流程的严格掌控，以及对不同流量或风险的控制，都有助于公司克服危机。而出色的掌道者也可以抓准时机帮助公司垄断某一方面的市场。

第八个阶段是复制系统。这时企业已经可以做到自行运作。只需要将整个企业的系统完善，就可以将其复制到海外市场，或采取特许经营模式，像麦当劳或 7-Eleven 一样遍布全球。在这个阶段，完道者最能发挥天赋，他们可以将公司的整个系统优化到可以复制出去的地步。

作为一个企业家，你必须要知道企业发展的八个阶段，以及这八个阶段的顺序。我之前正是因为不知道这八个阶段，而采用了与公司发展不相适应的策略才导致了五次创业的失败。例如，我曾创立了一家互联网公司，但是在第一阶段的验证概念还没完成时，就去做了第三、第四、第五阶段要做的事情：发展团队、谈合作收购、集资上市。结果公司不仅没有盈利，还把资金也烧光了。我还见过很多企业老板，也是在第一阶段的概念验证未完成时，就去做了第二阶段的品牌推广，花大量资金去做广告，甚至做了第三阶段的建立团队，结果把资本都烧光了也没赚到钱，最终以倒闭收场。

还有一点非常重要，就是每当你的企业发展到一个的新阶段时，要懂得放手，让最符合当前情况的“智富之道”的人来掌舵。我在总结过去创业失败的原因时，也发现自己犯了这个毛病。我是一个创道者，想出生意概念没有问题，但是到了发展团队时，却因为性子急，经常调整策略而屡屡碰壁。如果你也遇到了这种情况，不如放权给一个人缘好、又有亲和力的人去发展团队。

智富九层

“智富八道”是本书的核心主题，旨在教大家如何释放和创造更多价值。然而在企业层面来说，尤其去找合作伙伴时，就不能单靠那个人的“智富之道”了，因为一个人的层次比起他的“智富之道”更重要。

我将不同的人归纳为九个层次，你可以通过知道一个人的层次，从而选择是否要跟他合作。这其中也有一些指标和工具可以让人逐层升级。所以，“智富九层”比“智富八道”更重要，而两者一起使用效果最好。

先简单说一说有哪九层，以下由高至低顺序排列：

第九层：传奇人物

第八层：作家

第七层：信托人

第六层：指挥家

第五层：表演家

第四层：个体户

第三层：打工族（心态）

第二层：生还者

第一层：受害者

第一层是受害者。在这一个层次的人，其特征是他们经常投诉和埋怨，如果跟这一层次的人合作，或者团队中有这一层次的人，很容易使团队中的其他人也感染上负面思想。而一个充斥着负面思想的团队，也很难积极向上。

第二层是生还者。在这一个层次的人，其特征是他们经常恐惧，觉得什么都不够用，例如钱不够用，时间不够用。于是他们往往会很忙，做事也会畏首畏尾。如果跟这一层次的人合作，或者团队中有这一层次的人，也很难取得突破性发展。

第三层是打工族（心态）。在这一个层次的人不是指打工的人，而是指有打工心态的人。这一个层次的人是经常为钱或好处而做事情，他们不会主动思考如何为身边的人创造更多价值，只关心对自己有好处的事情。如果跟这一层次的人合作，或者团队中有这一层次的人，情况好时还可以留住他们，但是一旦出现逆境，或影响到他们的利益时，他们会马上离你而去。

以上三层，都不是理想的合作伙伴或团队成员，所以在考虑“智富八道”时，还应该要考虑他们的“智富九层”。余下的六层，需要受过我亲自训练的导师现场讲解，否则单从文字上的表述很容易出现理解错误，令读者曲解原意。而且我们的篇幅也有限，有关“智富九层”的内容，将来有机会见面时再分享吧。

图书在版编目（CIP）数据

智富八道 / 张志云著. -- 北京：华夏出版社,2017.10

ISBN 978-7-5080-9263-8

Ⅰ.①智… Ⅱ.①张… Ⅲ.①企业管理 Ⅳ.①F272

中国版本图书馆 CIP 数据核字（2017）第 207625号

智富八道

作　　者　张志云
责任编辑　许　婷　王秋实

出版发行　华夏出版社
经　　销　新华书店
印　　刷　北京京都六环印刷厂
装　　订　北京京都六环印刷厂
版　　次　2017 年 10 月北京第 1 版　2017 年 10 月北京第 1 次印刷
开　　本　880×1230　1/32开
印　　张　7
字　　数　120 千字
定　　价　39.00 元

华夏出版社　网址 :www.hxph.com.cn 地址：北京市东直门外香河园北里 4 号 邮编：100028
若发现本版图书有印装质量问题，请与我社营销中心联系调换。电话：（010）64663331（转）